铁路动车运用所建设与验收

主　编　高静涛　杨　军

副主编　马臣琦　欧阳鹏　秦传鑫

北京交通大学出版社

·北京·

内 容 简 介

本书以动车运用所建设为主线，从设计阶段，到建设阶段，再到验收阶段，从接收单位的视角，从编者亲身筹备的 10 处动车运用所、2 处客车整备所、1 处客车列检所、1 处动车组高级修基地新建及后续 2 次动车组高级修扩能改造等铁路工程建设项目中，梳理出各专业、各方向、各细节处发现的、发生的问题，并结合实际情况和经验，给出问题整改建议和意见。

本书适合各铁路动车运用所项目工程建设团队、设计团队、施工团队，以及接管运营单位相关工作人员使用，可以最大限度地减少对运营期产生不良影响的问题发生，从最初的设计阶段到最终的验收阶段，尽可能将各种问题提前解决。本书对铁路客车、货车整备所、列检所及铁路其他专业建设项目也有一定的借鉴作用，可以帮助设计、建设、施工、接管单位更好地搞好工程建设和提前介入前期工作。

图书在版编目（CIP）数据

铁路动车运用所建设与验收 / 高静涛，杨军主编；马臣琦，欧阳鹏，秦传鑫副主编. -- 北京：北京交通大学出版社，2024.7. -- ISBN 978-7-5121-5297-7

Ⅰ. U266

中国国家版本馆 CIP 数据核字第 2024BG3821 号

铁路动车运用所建设与验收
TIELU DONGCHE YUNYONGSUO JIANSHE YU YANSHOU

责任编辑：陈跃琴
出版发行：北京交通大学出版社　　电话：010-51686414　　http://www.bjtup.com.cn
地　　址：北京市海淀区高梁桥斜街 44 号　　邮编：100044
印 刷 者：艺堂印刷（天津）有限公司
经　　销：全国新华书店
开　　本：170 mm×235 mm　　印张：10.75　　字数：160 千字
版 印 次：2024 年 7 月第 1 版　　2024 年 7 月第 1 次印刷
印　　数：1—1 200 册　　定价：68.00 元

本书如有质量问题，请向北京交通大学出版社质监组反映。
投诉电话：010-51686043，51686008；传真：010-62225406；E-mail：press@bjtu.edu.cn。

本书编委会

前　言

　　铁路工程建设包括站前工程和站后工程，其中车辆专业负责的动车运用所建设，属于站后工程，但动车运用所中的站场、路基、线路等专业仍旧归属站前工程。虽然动车运用所的运营归属车辆专业，但动车运用所本身的建设却包含了站场、线路、结构、房建、接触网、电力、信号、通信、信息、给排水、暖通、环水保等各个专业。本书从车辆专业出发，从"使用者"的视角，从设计阶段、建设施工阶段，以及验收交接阶段，对动车运用所的整个建设过程进行梳理。在设计工作中，本书不能代替专业设计规范；在建设工作中，本书不能代替专业监理标准。本书仅作为车辆系统各单位介入前期工程建设工作的参考。

　　动车运用所设计阶段涉及车辆专业的内容大体分为以下三个方面：

　　第一，调研动车组开行情况，以及既有和在建动车组检修能力及规模。

　　动车组开行情况包括：初期、近期、远期本线动车组开行情况；初期、近期、远期可能发生或计划发生的跨线动车组开行情况；规划中的本线运行里程、动车组运行时长、车型、配属数量及检修周期等。

　　既有和在建动车组检修能力及规模包括：已经建成的各动车运用所能力及规模；已批复在建的动车运用所能力及规模；动车组高级修检修能力及规模；各动车段（所）配属动车组车型及数量等。

　　第二，设计本线动车运用所规模。与专业设计人员对接本线动车运用所规模时，首先考虑动车运用所与车站的站场关系、动车组走行径路；其次，按照动车组检修流程考虑动车运用所内部场区布局、各单体建筑物布局等。

　　第三，配置本线动车运用所各项生产生活设施及专用、通用检修设备设施。

　　以上三方面贯穿工程建设的可行性研究、初步设计、施工图设计等每个设计阶段，也包括设计变更调整阶段，这就要求建设单位、设计单位、施工单位、监理单位、接收单位以及主要设备制造厂家等各方面参与者能够一体贯彻，绝不能出现"朝令夕改"，否则就会影响建设施工工期。因此，对于接收运营方来

I

讲，一定要在工程建设可行性研究阶段就明确该动车运用所的接收单位，并通过集团公司文件形式分配动车运用所专职工程施工介入人员，以确保所有的提前介入工作均能落到实处。

本书中，中国铁路北京局集团有限公司车辆部杨军、高静涛、肖骞、范增虎、高志强、连志刚、胡文龙、薛锦波、杨征、白景义、张远东、郑庆贺，计划统计部郑家兴、白宇，提前介入办公室胡晓磊、王起，客运部王超，科研所郑珊，京津冀城际铁路投资有限公司陈青云，中国铁路经济规划研究院有限公司欧阳鹏，中国铁路设计集团有限公司侯黎明、王晓剑、闻方宇、肖威、王帆、夏海龙、魏柏荣和中铁工程设计咨询集团有限公司机械动力设计研究院马学涛负责设计阶段及相关规范、规章、制度等方面内容的编写与梳理；全国铁道团委马臣琦，中国国家铁路集团有限公司科技和信息化部秦传鑫，中国铁路北京局集团有限公司北京动车段赵广、刘超、赵晓明、邓力铭、马健、张阳、马腾、古文超、王雪冰、王奇、胡萍、杨俊、韩建斌、孙学忠，天津动车客车段闫华维、杨顺、刘佳、邓朋、杨晓成、杨凯顺、庄再胜、刘家庆、张博谦，北京车辆段廉政武、徐澎、赵国庆、安洪涛、杨博、乔磊、刘永芊、李小月、周煜寰、李怀伟负责施工阶段、检修设备设施验收阶段、品质提升工程等相关内容的编写与梳理。

本书得到了国家铁路局综合司肖洪洋调研员，中国国家铁路集团有限公司发展和改革部技改和装备管理处副处长宫涛、中国铁路经济规划研究院有限公司辛思远、机辆部安全运用处教授级高级工程师王文峰，中国铁路北京局集团有限公司建设部副主任多胜起、车辆部副主任曹民建、车辆部副主任龚向东、北京动车段段长贾潞、天津动车客车段段长梁钊、北京车辆段副段长廉政武、丰台车辆段总工程师张云伯，中国铁路设计集团有限公司机环院副总工程师王炜的大力帮助及斧正，编者在此表示衷心感谢。

鉴于编者水平有限，加之时间仓促，书中疏漏之处在所难免，恳请读者指正。

本书编委会

2024 年 5 月 1 日

目　　录

第1章

设 计 阶 段

1.1 可行性研究阶段

在可行性研究阶段，动车运用所已经有了基本的规模设计，比如出入所线、存车线、检查库、临修及不落轮镟库、洗车库等，以及与线路有直接关联的房屋，也就是说，动车运用所的总平面图已经成形。所以，对于接管动车运用所的单位来说，可以从出入所线入手，按照动车组检修作业流程进行逐步梳理，查找可行性研究方案中未能充分考虑的细节。

1. 出入所线

出入所线用于连接动车运用所与车站到发线，所以可以从车站到发线开始，沿车站本线车场到发线逐条向动车运用所方向梳理：

（1）判断动车运用所的所有出入所线是否可以与车站本线车场所有到发线相连，以及是否与车站其他车场到发线相连。这一点直接关系到动车运用所是否可以接发跨线动车组出入。如果条件允许，所有出入所线均应与车站各车场到发线相连。

（2）判断动车运用所的所有出入所线是否为平直线路。这一点决定了动车运用所内各条线路、场平，以及出入所动车组走行速度等，间接影响动车运用所内部分设备的布置安装。如果条件允许，所有出入所线进入动车运用所管辖区域后至少保有一列长编动车组车长的平直线路。

（3）判断动车运用所的所有出入所线是否与车站正线有交叉。这一点对车站行车、调车作业影响较大，也会影响动车运用所内部分转线调车作业。如果条件允许，所有出入所线与正线之间不要有平面交叉，必须有交叉时，应采用立体交叉，同时在出入所信号机至踏面及受电弓检测棚间能设置一列长编动车组车长的平直线路。

2. 踏面及受电弓检测棚

踏面及受电弓检测是动车组回所检修、停放时需要进行的第一个检测项目。检测棚内一般安装有车轮在线故障检测系统、受电弓及车顶状态检测系统，部分建设项目还会在棚内安装动车组一级修综合检测系统。

（1）判断踏面及受电弓检测棚是否跨建在所有出入所线上[①]。当检测棚跨建在两条出入所线上时（如图 1–1 所示），可以为运营期间在出所线上增建设备提供较大施工便利条件，但也会因为设备维修时无法做到与临线隔离造成不便，所以应根据运营期间的实际需求提出跨建方案。比如，两条出入所线无法实现同时进车时，可以选择只跨建在一条线上；动车运用所开通运营一段时间后，随着入所动车组数量增多或动车组入所日益频繁，需要考虑在出入所线上增加设备，实现两线设备倒替使用时，可以选择将踏面及受电弓检测棚跨建在两条出入所线上。

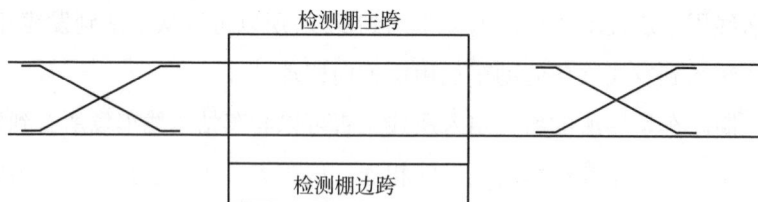

图 1–1　踏面及受电弓检测棚前后交叉渡线

① 一般情况下，动车运用所出入所线为两条，至少在其中一条线上安装车轮在线故障检测系统和受电弓及车顶状态检测系统作为入所线，另一条则多用作出所线。当检测设备进行大修、改造等无法过车时，出所线也应具备入所条件。

（2）判断踏面及受电弓检测棚前后是否设置有两条出入所线间的交叉渡线。如果线路条件允许，最好设置两组交叉渡线（如图 1–1 所示），可使踏面及受电弓检测棚内设备的使用管理更加灵活。

（3）判断踏面及受电弓检测棚内设备计划安装数量。安装数量取决于动车运用所规模、动车组配属，以及动车组检修作业量（有每日修、隔日修、外属停留动车组等之分）。如果踏面及受电弓检测棚前无交叉渡线，或交叉渡线道岔距离踏面及受电弓检测棚较远（进所信号机以外），尤其是当两条出入所线分别连接车站不同车场时，建议在两条出入所线上均安装车轮在线故障检测系统、受电弓及车顶状态检测系统，以及动车组一级修综合检测系统等检测设备。

3. 存车线

按照《关于明确动车组运用检修设施及设备配置标准》（铁总运〔2015〕185 号）规定，存车线的数量是与检查库线数量按照一定比例设置的，一般情况下，检查库线数量与存车线数量的比值为 1∶（4～6），即 1 条检查库线配备 4～6 条存车线。当然，存车线数量的多少也与建所初、近、远期配属动车组数量有关。

（1）判断存车场与检查库相对位置。存车场与检查库的相对位置布置形式有三种：一种是存车场与检查库平行布置；另一种是存车场位于踏面及受电弓检测棚与检查库之间；第三种是检查库位于踏面及受电弓检测棚与存车场之间。全路大部分动车运用所采用的是前两种布置方式，在场地条件允许的情况下，也可采用第三种。其中，第一种情况占地面积相对最小，并且存车区域与修车区域相对集中，但动车组检修完毕后转入存车线、进入存车线待检动车组转入检查库的调车作业较为烦琐；第二种情况占地面积较大且多为长方形占地，各项房屋、设施较为分散，但这种方案最适合当前动车组检修作业流程；第三种情况的动车运用所占地较第二种更大，而且由于动车组回所大多采用列车模式，检查库的检测棚侧需保有与动车组等长的空闲股道，优点是由于检查库为两端进出，可以最大限度地利用检查库内的检修列位进行翻台作业，大大提高检查库的利用率。

（2）判断存车线一次建成数量。动车运用所在规划阶段，要满足初、近、远期动车组开行数量，因此会将存车线分为首期建设和预留建设两部分。如果条件允许，建议将预留存车线一并建设，这样既可以在动车运用所开行初期就有充足的存车线、室外移动卸污线（每条线束两侧与消防通道直接相邻的两条存车线），又可以减少后期启动预留工程时工程建设与动车组存放存在的相互影响。

（3）判断存车线有效长度。图纸上标注的线路有效长度一般指两个警冲标之间的距离。但是，为了在一条存车线上同时存放两组短编组动车组，动车运用所存车线大都会设置分隔信号机，并且存车场两端的岔区之间都会设置贯通整个存车场的平过道，同时平过道会与每束线路之间的汽车行驶道路相连，形成场区环形消防通道，这样就会缩短存车线的实际存车长度。很多项目中，为满足每股道的信号机、警冲标、地面应答器的理论距离要求，就只能压缩平过道的间距，造成停放两组短编动车组时车尾（或车头）占压平过道现象。如此一来，既占压了消防通道，又会影响移动卸污车的通过。最理想的情况就是按图 1-2 布置，其缺点是需要足够大的占地面积。

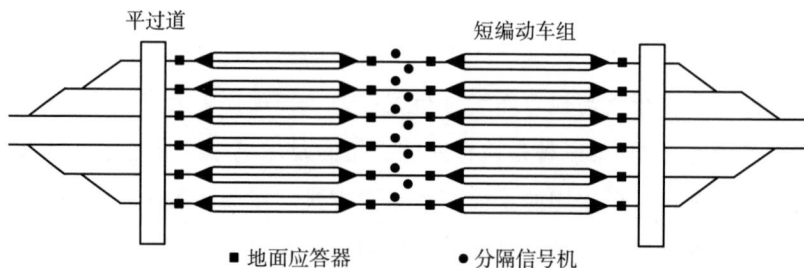

图 1-2 一束 6 线存车线的平过道、应答器及分隔信号机布置

4. 检查库

检查库是动车组一、二级检修作业，以及动车运用所日常管理、办公的主要场所，几乎七成以上的作业量都要在检查库内进行。因此检查库既是整个动车运用所的核心，也是动车运用所规模最大的单体建筑物，同时还是动车运用所中功能需求最多的检修设施。

在可行性研究阶段，对于检查库的内部功能设置并不做详细设计，但在检查库与存车场、临修及不落轮镟库、洗车库、空压机间、机械师候班楼等房屋的相对位置，以及场区内交通便利性等方面，需进行较为具体的布局考虑。

（1）判断检查库规模，即检查库内检修线数量、列位数量及立体作业平台布置位置，其中立体作业平台的布置位置，也可在初步设计阶段进行明确。检查库内检修线数量与列位数量是根据动车组检修工作量，加上可能发生的跨线运行动车组检修工作量，综合计算得出的[①]。

（2）判断检查库各条检查线与存车场各条存车线、临修线、镟轮线、洗车线、牵出线之间的互联关系，尽可能使检查线与其他各条线之间（牵出线除外）可以在一次调车作业的情况下到达。其中洗车线为单向洗车时，可放宽要求；牵出线是相对于入所方向而言的，一般与检查库线并行设置，牵出线与检查线之间的转线作业，应尽可能只包含一次换端作业。

（3）判断检查库是否为双边跨，以及边跨轴线宽度和局部二层轴线长度。在允许的建筑面积下，尽可能充分利用检查库边跨的高度，加长边跨二层的长度，为远期动车运用所的运营提供更多的房屋。

（4）需要考虑是否在检查库中设置检修动车组使用的地面电源，这一点要在初步设计阶段给出明确的最终决定。设置地面电源的目的是：当动车组入库进行接触网无电（降弓）检修作业时，可以使用地面电源为动车组提供除牵引动力以外的动力电源。由于地面电源箱所能提供的最大电容量无法满足整列动车组用电需求，因此使用地面电源作为辅助供电时，必须切断待检车厢与相邻车厢相连的用电设备。如此，既增加了切断和恢复电源的作业时间，又带来了额外操作造成的隐患，所以多数动车运用所几乎不再使用地面电源。需要注意的是，地面电源总控制柜多设置在检查库边跨内，地面电源的电容量是算在检查库总电容量中的，随着新进设备的增多，空闲的地面电源电容量就可以在很长一段时间内解决新增设备电力不足的问题，因此建议取消地面电源的最终决

---

① 在《铁路动车组设备设计规范》（TB 10028—2016）中，给出了动车段（所、场）规模、检修列位数的计算公式。对于接收单位来说，不需要根据设计去计算，但应该了解这一规模是如何计算得出的。

定要在初步设计批复后，与电力专业设计部门商讨后进行变更，变更的原则是保留电容量，调整地面电源设备的投资。当然，如果动车运用所采用地面电源辅助无电检修，则地面电源是必须配置的设备，且应在施工图设计阶段规划好各股道适用特定车型的地面电源单元箱布置方案。

5. 临修及不落轮镟库

临修库和不落轮镟库的功能都是为动车组临修作业提供作业场地。通常情况下，临修库及不落轮镟库合建成临修及不落轮镟库。其中，临修库中一般配置转向架更换设备、局部作业平台；不落轮镟库中配置不落轮镟床。

由于临修及不落轮镟库无需容纳整列动车组，因此，该库的轴线长度大多为 66 m。在可行性研究阶段，主要关注的是临修及不落轮镟库与存车场、检查库、牵出线的相对位置。

（1）确定临修及不落轮镟库与存车场、检查库、牵出线的相对位置。确定相对位置的原则，首先应从动车组检修流程出发。动车组检修与临修作业之间的先后顺序有两种：一种是动车组进行一级修作业时发现临修故障，需进入临修及不落轮镟库；另一种是动车组按照检修计划进入临修及不落轮镟库实施临修或轮对修型专项扣修作业后，在上线运营前进行一级修作业。对于前者，需要检查库出库动车组应尽可能通过一次调车作业就能到达临修及不落轮镟库前且不占压任何道岔；对于后者，在临修及不落轮镟库作业完毕的动车组应尽可能通过一次调车作业就能到达检查库前且不占压任何道岔。这两种情况都要求临修线和镟轮线与每条检查库线相连，要求临修及不落轮镟库与检查库分别处于岔区的两端。也就是说，如果存车场与检查库分为两级场，那么临修及不落轮镟库应与存车场位于同级场区，而位于检查库同级场的牵出线，正好可以兼作进入检查库前的缓存线，只是从牵出线再次进入检查库需要两次调车作业和一次司机换端作业。

（2）判断临修及不落轮镟库所在的临修线和不落轮镟线有效长是否大于两组长编动车组的长度和，临修及不落轮镟库应正好位于临修线和不落轮镟线中间。这样设计的目的是在动车组头车位于临修及不落轮镟库内进行相关作业时，另一端尾车不会越过警冲标。在场区条件允许的情况下，还应尽量确保动车组临修作业过程中不占压平过道，或只占压一侧平过道。

（3）根据动车运用所规模确定不落轮镟床及镟轮线的数量。按照《关于明确动车组运用检修设施及设备配置标准的通知》（铁总运〔2015〕185 号）要求，"6 条以下检查库线配置 1 台双轴不落轮镟床，7～12 条检查库线配置 2 台双轴不落轮镟床，12 条线以上检查库线配置 3 台双轴不落轮镟床"，当配置 2 台以上不落轮镟床时，需在可行性研究阶段确定不落轮镟线数量，既可以只设置 1 条不落轮镟线，2 台双轴不落轮镟床共线安装（截至当前，3 台及以上不落轮镟床无法共线安装），也可以设置 2 条不落轮镟线，2 台双轴不落轮镟床分线安装。两种方案各有利弊：前者可以实现两台转向架同时镟修，一次完成 1 节车厢 4 条轮对加工作业，但在动车组整列车轮踏面修型过程中，若其他动车组发生剥离、擦伤等故障，需要临修镟轮时，只能等待修型动车组完成后再进行临修，从这个角度看，后者则更加灵活。另外，临修线上的转向架更换设备如果能与不落轮镟床共线安装，可以减少换轮作业后，同一转向架轮对尺寸匹配镟修需求带来的调车转线工作量，但也会让共线的两台设备被相互占压。

当动车运用所建设中预留不落轮镟床时，预留基坑无论是否与投入的设备共线，如果首期开挖，一定要做好各项防护工作；如果不开挖，则要考虑到后期启动预留工程带来的库内施工与动车组临修作业生产的冲突。

（4）考虑临修及不落轮镟库的班组用房是采用"边跨"形式还是"房中房"形式。这两者没有明显的优缺点，只是建筑面积上有所不同。建议最好在可行性研究阶段明确班组用房的形式，避免班组用房以"房中房"形式改为"边跨"形式时，对临修及不落轮镟库外隐蔽工程的影响。

（5）考虑临修及不落轮镟库周边的道路。除考虑消防通道外，还应考虑道路宽度及库前大型运输汽车的转弯半径问题，这一点也可以在初步设计阶段加以明确。

6. 洗车库

洗车库的功能比较单一，即完成动车组外皮自动清洗作业。目前根据洗车设备的不同，洗车库的形式和布局有四种情况：第一种是带头车清洗的库内式动车组外皮清洗机，该设备所配套的洗车库轴线长度最长，相应的外皮清洗作业流程比较复杂，洗车库内无接触网，对于短编动车组外皮清洗作业，需要增加配套的牵车设备以完成短编动车组穿库作业；第二种是不带头车清洗的库内式动车组外皮清洗机，只能清洗动车组两侧及裙板，洗车库轴线长度可以适当缩短（洗车库建筑面积是计算在总投资建筑面积内的），但仍然需要为短编动车组配备牵车设备；第三种是设置在入检查库前岔区咽喉处的室外通过式外皮清洗机，该设备不需要牵车设备，洗车线上设有常规接触网，动车组可以自轮运转通过洗车设备；第四种是位于存车场专用洗车线上的室外通过式外皮清洗机，同样不需要牵车设备。

（1）对于第一、二、四种设备，均安装在专用洗车线上，必须判断设备所在洗车线的有效长度，应大于两列长编组（或重联）动车组总长度之和，目的是避免在外皮清洗作业过程中，动车组占压道岔；对于第三种设备，必须判断洗车设备所在的线路旁是否设置了旁通线路。该旁通线路的作用，一是不进行外皮清洗作业的动车组可以选择不穿过洗车设备直接进入检查库，二是当洗车设备故障维修或检修时，不影响动车组出入检查库。

（2）第一、二、四种设备，大多安装在与存车线平行的线路上，在条件允许的情况下，应尽量确保存车场两端的平过道不被待洗动车组占压。

7. 牵出线及人工洗车线

牵出线的作用主要是用于临修、不落轮镟修和洗车作业动车组的临时缓存，即动车组进行临修、镟轮和外皮清洗作业过程中，动车组缓慢牵引或行进时，为了不长时间占压道岔，影响其他进路开通而设置的动车组临时进路。如图1-3所示，动车组在临修线或洗车线作业时，只占压1#和8#道岔，而不影响存车线1～6道动车组进入检查库内。

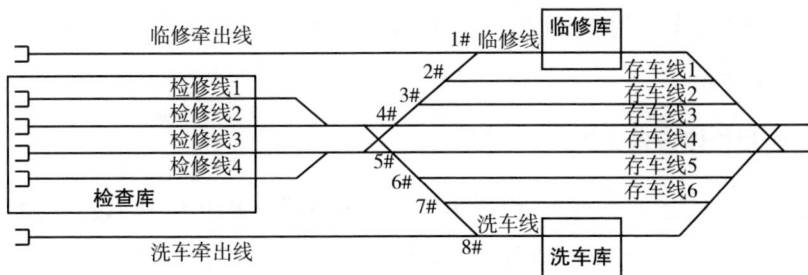

图 1–3　牵出线作用示意图

人工洗车线是动车组入库前进行人工洗车，或不入库的动车组在室外进行简单人工清洗作业的单独线路。为了充分利用场地和线路，大多使用牵出线兼做人工洗车线。

（1）牵出线属于运营线路，其各信号受信号楼调度控制，与检查库线性质不同；人工洗车线属于检修作业线路，其行车指挥受动车运用所调度和信号楼调度双重指挥。因此，在将牵出线与人工洗车线功能合并时，应充分考虑线路的性质，制定相应的管理制度。

（2）人工洗车线应设置相应的接触网隔离开关、专门的给排水等设施，需要做地面硬化。由于人工洗车线的使用次数不多，且为室外线路，因此建议人工洗车线的专用接触网隔离开关不纳入检查库安全联锁监控系统，而是独立的电动隔离开关。

（3）在条件允许的情况下，应在人工洗车线尽头端硬化地面上设立移动式外皮清洗机专用存放间，存放间内设置充电、上水设备，并且在人工洗车线隔离开关内侧设置平过道，用于移动式外皮清洗机通过。

8. 其他生产生活设施

其他生产生活设施主要包括门卫、道路、平过道、汽车停车场、自行车停车场、候乘楼、食堂、浴室、空压机间、污水处理站、汽车库、卸污车库、垃圾转运间、危废间、油脂存放库、职工实训场地、职工活动场地等。

（1）各项生产生活设施应齐全，并按照功能划分区域，做到区域内的生产生活设施功能相对统一。

（2）进出动车运用所大门的通道尽量与市政主干道直接相连，便于运送配件的大型货车进出。

9. 专用检修设备设施

可行性研究阶段对于动车组专用检修设备考虑较多的为大型设备的配置数量，如安全联锁监控系统（规模与检查库线相同）、立体作业平台、空心轴探伤机、移动式轮辐轮辋探伤机、不落轮镟床、车轮在线故障检测系统、受电弓及车顶状态检测系统等。

（1）当希望配置《关于明确动车组运用检修设施及设备配置标准的通知》（铁总运〔2015〕185号）中规定设施以外的大型设备设施时，动车运用所接收运营单位与车辆专业设计人员应提前沟通，同时也应与可行性研究批复单位充分沟通。

（2）在可行性研究批复后，初步设计开始前，动车运用所接收运营单位与车辆专业设计人员沟通，考虑为动车组专用工具、工装等设置专项资金。

10. 通用检修设备设施

可行性研究阶段考虑的动车组通用检修设备设施主要包括：配件立体仓库、叉式起重机、桥式起重机、空压机、储气罐、蓄电池搬运车、载货汽车、卸污车等。

通用检修设备的数量不宜过多，建议按照动车运用所设计规模测算配属动车组检修工作量，以及生产作业习惯，确定通用检修设备设施的数量。

11. 异地存车场

这里的"异地"，是相对于动车运用所中的存车场而言的。为满足各地区对于始发列车的需求，在属地车站建立存车场就成了最主要的解决方案。一般情况下，这类存车场都会设置在属地车站附近，而存放在这类存车场的动车组应是不需要进行检修的动车组。

对于异地存放的动车组，随车机械师需要下车休息，而且动车组上的污物箱需要进行清理，冬季时室外存放的动车组也需要定时进行打温作业，因此异地存车场一般需要设置随车机械师强制休息房屋、动车组移动卸污车和卸污车库、打温作业人员待检室等。

打温作业需要升起受电弓从接触网取电，而多数夜间时段是车站天窗作业时间，此时接触网大多已经停电，因此建议异地存车场接触网供电与车站接触网供电分开，独立设置。

1.2　初步设计阶段

初步设计是根据批复的可行性研究报告和设计基础资料，对项目进行深入的研究，对项目建设内容进行具体设计。初步设计文件是项目建设进行施工准备的主要依据，应根据可行性研究进行现场调查，对局部方案进行比选；应采用定测资料，依据批准的规划选址报告、水土保持方案、节约能源报告、社会稳定风险分析评估、地质灾害危险性评估、压覆矿产资源评估、地震安全性评价、防洪影响评价报告及航道通航条件影响评价报告等，进行比较详细的设计。

在初步设计阶段，车辆专业主要是通过参与动车运用所的初步设计文件审查，核对设计方案与工程措施，从运营维护角度依照相关标准对设计方案提出建议与意见，完善设计文件，最大限度地减少设计缺陷，为工程施工奠定良好基础。

1. 出入所线

在可行性研究阶段，动车运用所出入所线大多已经设计完毕，并且已经达到初步设计的深度，而且受地形、地貌、地界等因素影响，出入所线实施方案可调整性不大，因此，在初步设计阶段需要明确的内容不多。

需要注意的是，在初步设计阶段应了解动车运用所的所有出入所线道床采用的是无砟还是有砟、是否为高路基、线路排水流向等内容，这些内容虽然与动车组检修无太大关联，但与动车运用所运营期间的辅助工作有一定的关系，比如踏面及受电弓检测棚内设备更新、改造，大修的施工组织方案制定，场区雨水排放等。

2. 踏面及受电弓检测棚

一般情况下，在可行性研究阶段，踏面及受电弓检测棚的规模及棚内安装的设备数量已经确定，由此带来的检测棚主库和边跨的相关细节也就需要在初步设计阶段具体明确。

（1）检测棚主库内应为整体硬化道床，而且道床内应根据检测设备的布置预留穿线管、排水沟、预埋螺栓等预埋件。

（2）检测棚两端的接触网一般会各设置一组分段绝缘器和一架隔离开关，如图 1-4（a）所示。其中面向车站侧的隔离开关 KA 处于常开状态，一般用于场间接触网互连；面向存车场（检查库）侧的隔离开关 KB 处于常闭状态，其作用是断开检测棚内接触网，以便于检测设备维修使用。在多数高铁线路中，这两架隔离开关均会配置远动控制功能，并且当处于本地控制状态时，远动控制端会发出报警信息。这样的设置忽略了设备检修的需求，因此建议按照图 1-4（b）的方式进行连接，既满足场间互连需要，又可避免检修设备时，隔离开关 KA 被远动控制闭合，发生事故。由于这种调整方式可能会带来一定的费用和施工量的增加，最好在初步设计阶段就调整好。

（a）隔离开关连接方式

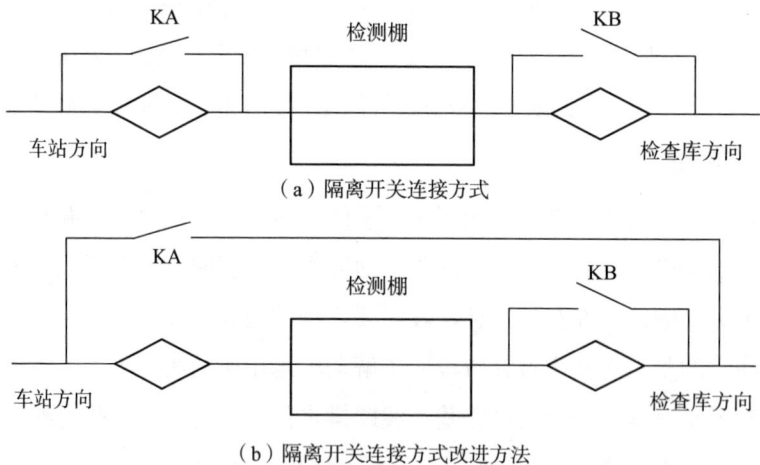

（b）隔离开关连接方式改进方法

图 1-4　踏面及受电弓检测棚前后隔离开关

（3）检测棚内的车轮在线故障检测系统中包含超声波探伤功能，采用自来水作为耦合剂，需要在检测棚外设置一处耦合水池。北方地区动车运用所（冬季温度会降低至 4 ℃以下），在有条件的情况下，建议将耦合水池设置在检测棚边跨中，并且该边跨周边一定要有宽度在 1 m 以上的道路，与环所道路相连，便于冬季运输防冻液的车辆尽可能停放在靠近耦合水池的附近区域。

（4）检测棚边跨主要用于安装检测设备机柜，应按信息机房的标准建设。建议该机房不设置窗户，尤其是南向窗户；该机房内除必需的机房专用空调外，建议不设置采暖设施，对于寒冷地区可视情况增加采暖设施。这是因为检测棚地处远离生产区域的出入所咽喉处，属于无人值守带防静电地板机房，一旦供暖管路发生泄漏，很难发现。

3. 存车线

可行性研究阶段已经确定了存车线首期建设数量和预留建设数量。由于存车线功能较为单一，其开通数量的多少对于动车组检修翻台效率有一定的影响，并且预留工程启动时也会影响动车组正常检修秩序，所以建议在可行性研究阶段将预留存车线与首期工程一并建设。

（1）存车线一般按照"线束"排布，对于有预留工程的存车场，建议首期存车线与预留存车线分半排布，同时将预留工程中的道岔部分先期建成，这样可以最大限度地减少预留工程启动后对生产秩序的影响。

（2）存车场为露天开放性排布，为了避免行人直接穿越线路，应在整个存车场与环场道路之间采取隔离措施，例如安装隔离栅栏。当洗车库、临修及不落轮镟库与存车场并行设置时，应将洗车库、临修及不落轮镟库与存车场隔离。

（3）存车场中所有道岔均应配置融雪装置，避免积雪清理不及时，造成道岔转向不到位。

（4）存车场各股道间应铺设可供随车机械师巡视车体走行的硬化路面，也可用预制水泥方砖代替。

（5）由于冬季结冰，存车场应避免设置固定式真空卸污设备。

4. 检查库

初步设计阶段需要对检查库内的布局进行较为明确的规划，这也是动车运用所初步设计阶段最重要的部分。其中主要包括主库中各项检修设备设施、配套设备设施布置，以及边跨中各房间分布、面积规划等。

（1）检查库主库中立体作业平台的布置是首先应被确定下来的。当前新建动车运用所大多采用单侧立体作业平台的配置，检修股道数量多为偶数，因此立体作业平台就可按照以下四种方案布置，以四线检查库为例，如图 1-5 所示。

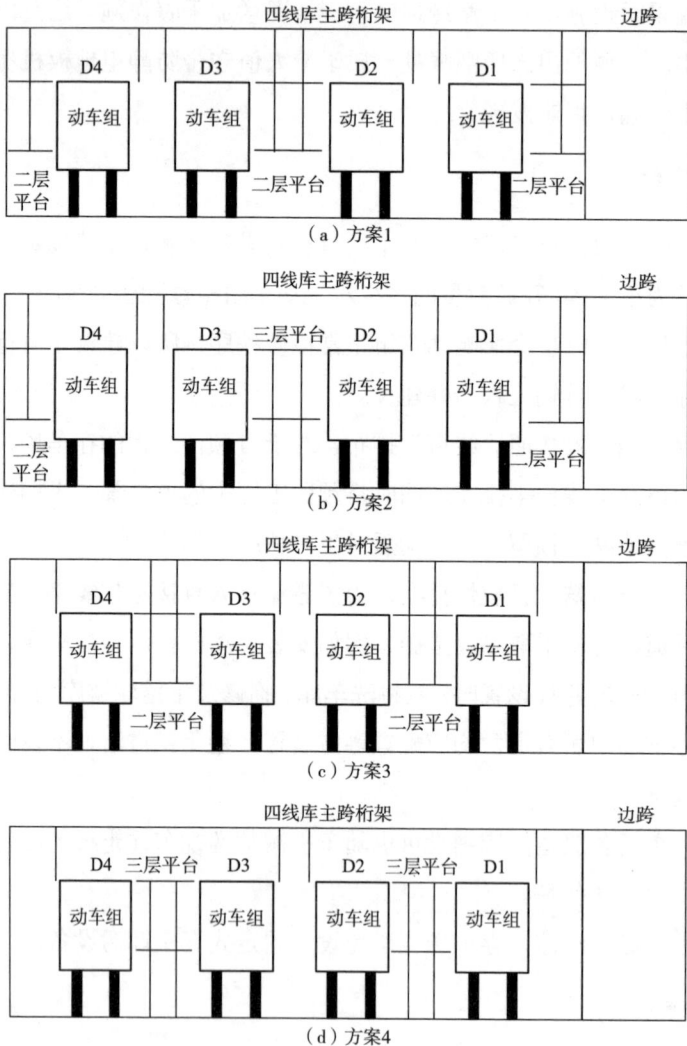

图 1-5　四线检查库立体作业平台的布置

图 1-5（a）中，二、三层平台设在 D1、D4 道外侧和 D2、D3 道间，均采用悬挂式。此方案优点在于方便边跨各房间进出主库，各股道间通道畅通，而且各

股道间除平台爬梯外无任何地面遮挡，空心轴探伤、轮辐轮辋探伤，动车组上水、上砂、卸污等作业可在各股道间进行；不足之处就是主库梁架载荷加大带来的投资费用增多。因此在投资允许的情况下此方案为推荐方案。

图 1–5（b）方案是将图 1–5（a）中 D2、D3 道间悬挂平台改为立柱型式。此方案较图 1–5（a）可以降低建设投资，带来的不便就是 D2、D3 道间可供作业的空间减少。该方案一般会作为立体作业平台设计首选布置方案。

图 1–5（c）中，两组立体作业平台悬挂于 D1、D2 道间和 D3、D4 道间。此方案在投资上与图 1–5（a）接近，但优点是 D1 道与边跨间、D4 道与检查库外墙间无任何遮挡，日间采光较好。

图 1–5（d）方案的投资在四种方案中最低，虽然立体作业平台两侧和各股道车顶采光照明条件最好，但可供检修作业的通道被占用过多，因此，该方案很少被采用。

（2）由于检查库内地下综合管廊不便于设备维修，且经常出现排水不畅问题，所以信息、监控、消防、暖气等各种管线均布设在位于主库梁架上的综合支吊架中。受空间和主库梁架载荷限制，综合支吊架可容纳的线缆是有限的，因此必须充分、合理地利用支吊架的各层进行线缆布置。为满足综合支吊架的检修以及支吊架上各线、管的检修需要，设置支吊架时必须考虑检修通道。

（3）检查库主库中真空卸污系统单元箱、上水系统单元箱应采用下沉式基坑。由于检查库内需要进行动车组外皮人工清洗作业，所以采用下沉式基坑的设备必须充分考虑排水功能，同时建议尽可能减少基坑内的机械和电器装置。

（4）检查库检修地沟内设有踏板，部分地沟中还会安装移动式轮辐轮辋探伤机，因此建议将检修地沟内的采暖设施（散热片和管路）安装在轨道桥下方、轨道桥支柱之间。如此设置的优点，一是检查地沟内空间增大，减少职工作业时磕绊隐患；二是雪季时，可以加速动车组走行部积雪结冰融化速度。这么做的缺点是：减少检修地沟内采光，车底大配件运送不便。

（5）初步设计阶段应尽可能详细地规划检查库边跨各层各房屋的使用功能。在设计时，应将功能及所需要的辅助水、电、暖、风等作业条件说明清楚。同时，还要尽量避免出现已经明确的功能被随意调整。建议将调度室、作业班组、工具室、设备间等房屋设置在边跨一层；将管理人员办公室、资料室、分析室、会议室等房屋设置在边跨二层。表 1-1 给出了一个较为通用的设置方案，仅供参考。

表 1-1　通用的设置方案

一层		二层	
房间名称	推荐跨数	房间名称	推荐跨数
调度室	3～4	所长室	按相关规定执行
信息机房	0.5～1	书记室	按相关规定执行
通信机房	0.5～1	副所长室	按相关规定执行
信号机房	0.5～1	技术组	2
一级修班组	4×（1～2）	小会议室	1
工具室	2～3	大会议室	3
探伤设备间	2～3	电话会议室	2
探伤组	2～3	电教室	2
保洁组	2	资料室	1
隔离开关组	1	数据分析室	1
消防中控室	1	临修组	1～2
消防泵房	0.5～1	设备维修组	1～2
高低压间	3	保密室	0.5～1
卸污组	0.5～1	质检组	1～2
真空泵间	2	综合组	1
立体仓库	5～6	主机厂室	2～3
大配件间	3～4	油液化验室	1～2
储砂间	1		
充电间	1～2		
客运备品间	2		
ATP 工区	2		
机务备班室	2		

（6）按照《关于明确铁路动车段（所）内工作场所设置方式的通知》（铁总运〔2015〕154 号）要求，将车务调度与动车调度合署办公，办公地点设置

在动车运用所边跨调度室内。车务与车辆两个专业合署办公，在一定程度上可以提高动车运用所内调车作业、天窗作业效率，但当两个专业分属不同站段行政管理时，也会带来一些弊端，因此是否采用合署办公形式，应根据本单位实际情况进行设计。可以考虑在调度室内预留通信、网络等条件，以及适当留出作业区域面积，便于后期调整。

（7）信息机房（车辆专业）、通信机房（通信专业）、信号机房（电务专业）均为无人值守机房，且均需配置防静电地板和机房专用空调等设施，建议三个机房相邻布置。

（8）一级修班组是动车运用所中人数最多的班组，也是工作量最大的班组。鉴于动车组大多在夜间检修、少量在日间检修，一级修班组均为倒班制作业，因此建议将一级修班组待检室、更衣室按照倒班数量设置，同时再多设置一组待检室和更衣室，供日间检修作业人员使用。各待检室可以安装本班待检修动车组检修作业计划显示屏等设施。

（9）工具室负责管理动车运用所所有班组使用的各种工器具。作业过程中使用的扭力扳手会在工具室完成校验；使用到的对讲机、数字手电筒等充电工具也需要在工具室完成充电工作。因此工具室需充分考虑工具柜、校验台、充电柜等摆放空间需求和电力需求。

（10）探伤设备间内摆放的是移动式空心轴探伤机和探伤作业所需的样轴，因此该房间内应配置空调、暖气等设施。一般情况下探伤班组用房应与探伤设备间相邻，建议在两间房中单独设置连通的内门。

（11）消防中控室和消防泵房应相邻设置，且尽可能与消防水池接近。

（12）由于真空卸污泵房、立体仓库、大配件库内需要设置桥式起重机、堆垛机及货架，只能规划为一层，因此应尽量设置于边跨一端。

5. 临修及不落轮镟库

临修及不落轮镟库的功能较为集中，且库内作业项目相对独立，因此在初步设计阶段，除确定临修及不落轮镟库的规模和设备数量外，还需考虑以下内容：

（1）明确临修及不落轮镟库附属的待检室（间休室）和电动车辆充电间等

配套房屋是采用库外"边跨"形式还是库内"房中房"形式。采用库外"边跨"形式的优点是库内空间较大，在全所建设面积受限的情况下，边跨所占用的面积利用率较低；采用"房中房"形式的优点是可为其他房屋提供建筑面积指标，缺点是占用了临修及不落轮镟库内作业空间。

（2）镟轮作业过程中会产生大量的铁屑，建议不落轮镟床排屑器伸出库外，在库外为碎屑收集车搭建挡雨棚，并连通周边道路，便于铁屑装运。这一方案可以大大减少库内铁屑，但也为碎屑收集车的装卸带来了一定的困难——只能使用叉式起重机，而不能使用库内的桥式起重机，同时为排屑装置维修增加了难度。

（3）当前，临修及不落轮镟库内安装的双梁桥式起重机，多采用遥控操作方式，可能会配备驾驶室，但在初步设计阶段经常会缺少桥式起重机驾驶室扶梯和检修爬梯，因此，即使不需要驾驶室扶梯，也应设置检修爬梯。

（4）临修及不落轮镟库内的局部作业平台主要用于动车组车顶设备临修，此类临修作业项目次数不多，建议局部作业平台的渡板采用移动式空压机或电力作为动力源，而不是与检查库内立体作业平台共用风源。因为从检查库附近的空压机间接引较长的风管路至临修及不落轮镟库，通常采用直埋敷设，很难查找泄漏点，即使查找出来，维修时也需要在场区内地面开挖，如果需要过轨，则施工难度更大；而采用管沟敷设，则增加了工程投资，且沟内排水不畅时，风管路严重锈蚀更会带来泄漏的隐患。

（5）临修及不落轮镟库内，与转向架更换设备相连的轮对缓存线应尽可能加长，便于后期动车运用所内备用轮对存放。

（6）临修及不落轮镟库前可不设置信号机，但应配置停车标及登车台。

6. 洗车库

对于通过式动车组外皮清洗机，洗车库已经简化为仅剩设备及操作控制间和挡水墙：外皮清洗机露天式布置，把设备及操作控制间一侧作为挡水墙，另一侧单独设置挡水墙。对于库内动车组外皮清洗机，各刷组位于贯通洗车库的内线路的两侧，设备及操作控制间则设置在洗车库的边跨内。

由于功能单一，洗车库在初步设计阶段需要审核确认的事项较少。在可行性研究阶段明确洗车库位置和形式后，在初步设计阶段需要明确的主要项目则是：围绕动车组外皮清洗作业流程，对作业人员操作和动车组外皮清洗作业过程中的功能性、流畅性进行审核。

（1）对于设置在入库咽喉岔区的通过式动车组外皮清洗机，需要确认设备及操作控制间设置位置是否便于操作人员进出，周边道路是否便于设备大型部件运输。

（2）对于设置在存车场的动车组外皮清洗机（通过式和库内式），需要注意的是，设备及操作控制间与道路之间的高差不宜过大，应既能满足雨水不会倒流的需要，也要确保设备间门前的斜坡能够满足起重车辆走行需求。

7. 牵出线及人工洗车线

设置人工洗车线的目的之一是对动车组外皮清洗机清洗不彻底的部位进行人工补洗；另一个目的则是，当有动车组正在占用外皮清洗机时，可以将另一列动车组停放于人工洗车线进行人工外皮清洗作业。

但是，由于夜间动车组检修时间有限，如果进入人工洗车线进行外皮清洗作业，则需要二次调车，甚至转线调车才能入库检修，所以，动车组外皮人工清洗作业大多在检查库内进行。也正是由于人工洗车线的利用率不高，各动车运用所的牵出线经常用来兼作人工洗车线。

（1）如果牵出线不作其他用途，则只需要注意对该线路两侧的防护即可。

（2）如果是兼作人工补洗功能的牵出线，或专门的人工洗车线，就需要为该线路配备专属接触网隔离开关、洗车水源、两侧硬化路面，以及排水（不能与站场雨水排水合并）等设施。

（3）对于配置了移动外皮清洗机的人工洗车线，还应考虑设置平过道、充电设施，以及移动外皮清洗机停放用的房屋。

8. 其他生产生活设施

可行性研究阶段罗列了大部分生产生活设施，其中主要包括动车运用所门卫室、环所道路、平过道及防护网、汽车停车场、自行车停车场、候乘楼、食堂、浴室、空压机间、污水处理站、汽车库、卸污车库、垃圾转运间、危废贮存间、油脂存放库、职工实训场地，以及职工活动场地等，一般不做具体功能、位置等设计，因此初步设计阶段就应着重对这些生产生活配套设施进行较为明确的设计规划。

（1）动车运用所门卫室应与院墙直接相连，面向所外、大门、所内三个方向的墙上应设有窗户。如果条件允许，门卫室应为套间，内设卫生间以及相应的上下水设施和网络、电话条件。

（2）动车运用所的入所正门是整个场区的门面，建议设计单位和施工单位与接管单位充分对接，将正门设计得实用、美观、大方。

（3）目前动车运用所内环所道路路面有两种形式，一种为水泥路面，另一种为沥青路面。与水泥路面相比，虽然沥青路面花费比较高，但沥青路面比较软，汽车行驶会很平稳，具有一定程度的弹性，沥青路面的承载力也比水泥路面高一些。从美观、气味角度讲，沥青路面总有颗粒感，而水泥路面比较平整；沥青路面有难闻的味道，水泥路面则没有。除此之外，水泥路面的施工工序比沥青路面少了很多，可以缩短施工时间，而且水泥路面的稳定性强，经常有大型车辆经过也不会造成路面的大面积损坏，使用寿命较长；而沥青路面则稳定性差，路面坑坑洼洼的现象比较严重，使用寿命较短。因此，如何选取还应从实际需求出发。

（4）出于安全防护的需求，动车运用所内需要设置防护隔离网的区域一般是汽车行驶道路与动车组行驶线路并行区段，其中不包括存车场内各线束之间的消防通道。对于临修线，不落轮镟线和牵出线是否需要设置防护隔离网，应视具体情况决定。

需要说明的是，在存车场两端岔区附近、临修及不落轮镟库两端、检查库动车组入库端一般会设置平过道，这一方面是出于安全考虑，另一方面也兼顾消防和必要的生产需要。这些平过道应采用道口杆或鼠笼式可移动栅栏门进行隔离防护。

（5）在各阶段设计，一般会考虑职工自用汽车停车场，对于电动汽车、电动自行车、人力自行车停车场（棚）等，均需明确具体位置。尤其是电动汽车充电车位，更需要提前为该区域预留电缆和电容量。

（6）候乘楼的职能是为动车运用所内停放动车组的司机和随车机械师，包括本务司机、地勤司机、随车机械师，提供强制休息的房间，因此需要为候乘楼内各房屋配备叫班、洗浴、住宿等条件。

（7）动车运用所内除车辆专业作业人员外，还会有机务、电务、通信、供电、房建、路外保洁、动车组主机厂等各专业作业人员，因此动车运用所内会设置食堂和公共浴室。在初步设计阶段，必须规划好食堂和浴室的规模，尤其是食堂中需要配备的灶具、炊具、餐具等，以及公共浴室中使用的热水器形式（太阳能、地源热泵、锅炉、电热等）。

（8）卸污车库是动车运用所必须设置的，主要用于移动卸污车的存放。对于不需要进入检查库进行整备检修作业的回所动车组，用移动卸污车在存车场对其进行卸污作业。一般情况下，卸污车库的位置选取有两种方案，一是选在存车场附近，二是选在与卸污的化粪池较近的区域。

动车运用所内设置的汽车库是为动车运用所生产用车配置的。由于动车运用所内设有汽车存车场，汽车库的设置就属于可选项。

（9）垃圾转运间的功能和结构均比较简单，但在生产生活中却非常重要，尤其是在国家对环境保护非常关注的大形势下。垃圾转运间需要的唯一条件就是与主干道直接相连，方便各种垃圾的取放。除此之外，要关注垃圾堆放区域的地面形式，防止对土壤的渗透污染。

（10）危险废弃物通常是指具有毒性、腐蚀性、易燃性、反应性和感染性等一种或一种以上危险特性的废弃物。动车运用所中产生的主要危险废弃物为各种生产环节中产生的废旧油布、油手套、油桶、漆桶、清洗剂桶、废弃蓄电池、废旧电路板等。按照国家相关规定，动车运用所内应设置专用的危废贮存间。大多数情况下，各动车运用所在规划中，受征地等条件制约，无法设置危废贮存间，仅设置杂品库。在初步设计阶段可以将杂品库的内部地面、照明灯具等设施按照危废贮存间的标准进行设计，以确保在运营阶段满足生产需要。

（11）动车组检修作业中，齿轮箱润滑油、变压器油、部分液压设备使用的液压油等液态油用量较大，也会使用如轴端润滑等固态油脂。除此之外，在空心轴探伤作业中使用的耦合剂、融冰除雪作业中使用的柴油等，均需要保存在专门的油脂存放库内。除柴油为易燃易爆品外，大部分油脂均属于可燃品，而且油脂溢洒会造成环境污染。因此，油脂存放库除设置消防设施外，还应采取防渗漏等环保措施，以及设置便于运输、搬运的通道。

动车运用所内使用柴油的环节不多，近年来，国家对大气污染治理管理力度逐渐加大，各动车运用所内大多不再配置内燃公铁两用牵引车、内燃叉车等设备，因此，建议各动车运用所内尽量减少柴油的储存量和使用量。

（12）随着动车组开行数量的增多，对动车组运行中随车机械师的故障应急处理能力的要求越来越高，职工实训场地也就应运而生。目前职工实训场地已经逐渐演化出两大部分功能：一是室外环境下，模拟正线上的应急演练需求；二是室内环境下，模拟动车组检修作业的职工培训需求。

室外实训场主要模拟动车组正线运行过程中可能发生的接触网摘挂接地杆、动车组室外登顶、故障受电弓捆绑及异物摘取、车下走行部检查、应急悬轮装置安装、过渡车钩安装连挂等场景。因此，建议配置模拟整体道床、钢轨、接触网等设施。从建设角度讲，在适当的区域硬化部分地面，并适当留有排水的坡度即可。

室内实训室主要负责动车组库内检修，以及车厢内、设备舱内故障排除等项目的培训和演练。可将实训室安排在检查库边跨内，也可单独设置，或与其他单体建筑物合建。

实训场和实训室配置的实训器材，应纳入职教经费购置，不宜使用工程静态投资。

（13）由于动车运用所占地面积较大，因此大多数动车运用所会选择建在市郊偏远处。为了提高动车运用所内职工的生活质量，在条件允许的情况下，应配套建设职工活动场地，比如篮球场、羽毛球场等。

（14）动车运用所内产生的污水主要有两种，一种是动车组车上和各建筑物内的生活污水，另一种是生产环节中，如齿轮箱加注润滑油、动车组外皮清洗过程中产生的含油、含清洗剂的生产废水。生活污水数量较大，而且动车组卸污作业在集中时段大流量排放。目前国家对环境保护的要求越来越严格，因此动车运用所内大多会设置污水处理站，主要处理含有氨氮的生活污水和含油生产废水。初步设计阶段需要明确污水管路的径路流向，以及污水处理站向市政管网排放的接口。如果动车运用所内有多个专业站段共同排污，则应确认进入污水处理站的管口位置，在汇流前应设置能够便于采样的管井（口）。

（15）空压机间应与其他建筑物分离设计，并为储气罐安装在室内提供条件，目的是确保储气罐及排污管内的冷凝水不结冰。有条件时，建议为储气罐增加定时自动排水装置。

（16）空气压缩机及后处理装置，包括油水分离器、储气罐、分气缸等，是动车组检修作业中必备的辅助设备。早期动车运用所建设中会在检查库边跨中设置空压机间，但随着动车运用所建设规模的增大，以及对特种设备（储气罐）存在安全风险的重视，空压机间都会设立单独的房屋。这样的设计虽然在一定程度上减少了安全风险带来的危害，但也因此加长了压缩空气管路，为后期运维带来了更大的检修工作量。所以空压机间的位置选定，应综合考虑安全和管路长度等因素。至于空压机、储气罐、油水分离器等设备的选型，可以在施工图设计阶段和技术规格书审核阶段详细研究。

（17）各建筑物配套的化粪池应合理设置地点，尤其是检查库配套化粪池，应尽量远离检查库出入口，同时与所内道路具备较好的接驳条件。

（18）为响应国家节能减排倡议，各建筑物内应安装具备远传功能的二级水、电表（一级表为与市政、供电部门结算专用表）。对于大型建筑物，如检查库，以及多单位共同使用的多功能建筑物，必要时应增加三级无线远传水、电表。同时，应在动车运用所办公区域设置专用能源管控系统监控室，既可以起到节能管控作用，又可以协助查找泄漏故障点。

9. 专用检修设备设施

初步设计阶段可以申请增加一些在可行性研究阶段未明确的专用检修设备。一般情况下，需要在不超出可行性研究报告批复投资金额的基础上增加，这就要求使用方综合考虑专用设备的配置情况，合理提出需求。

（1）在《关于明确动车组运用检修设施及设备配置标准的通知》（铁总运〔2015〕185号）中未提及，但实际生产中有利于检修作业且投资较大的设备，推荐动车组一级修综合检测系统和动车组一级检测机器人（详细功能介绍见第6章）。在第6章中，介绍了《关于明确动车组运用检修设施及设备配置标准的通知》（铁总运〔2015〕185号）中部分设备设施的功能描述，可按照实际生产需要适当增减。

（2）当前检查库设置的室内固定式真空卸污设备有两种，即凸轮泵式和真空罐式。建议选取凸轮泵式真空卸污主机，理由如下：

① 真空罐式主机的弊端较多。真空罐式主机采用吸污泵与排污泵，且污物会在罐内静止暂存，致使污物沉积，会带来异味、沼气排放、沉积污物的清理等诸多问题，同时也将带来更大的运维成本。对于产生的异味，由于其与污物分离排放，虽然经过除臭处理，但排放时仍然直接污染检查库内空气，严重影响动车组检修作业环境。对于产生的沼气等，在有限空间①内，则是严重安全隐患，也将直接威胁检修、清理罐体的作业人员的人身安全。长期使用的真空罐，必须人工清理其沉积污物，需要进入罐内进行清理，这对于作业人员来说，无论从心理、生理还是从职业疾病等角度来说都很难接受。另外，污物流转环节较多，动车组污物箱内会出现各种各样的污物，设备本身污物流转环节的增多必然增加管路堵、漏等故障的发生率。凸轮泵式主机中不暂存任何污物，而是直接排放出去，还可以随时加入清水冲洗泵体内部。

② 根据《铁路站段真空卸污系统》（Q/CR52—2017）规定，真空罐式与凸轮泵式这两种真空卸污机组，均可同时供4个卸污单元使用，在卸污效率上两种设备是相同的。

③ 真空罐式设备本身较凸轮泵式设备复杂，设备部件多，致使运营的设备维修、维护成本将大大增加，且污物流转环节增多，必然导致设备堵、漏等故障增多，也将为维修、维护带来更大的困难；而采用凸轮泵式主机的真空卸污

---

① 有限空间是指封闭或部分封闭，进出口较为狭窄有限，未被设计为固定工作场所，自然通风不良，易造成有毒有害、易燃易爆物质积聚或氧含量不足的空间。

系统仅需要对凸轮泵本身进行维修即可。

（3）随着动车组检修规程、工艺的不断优化调整，动车组齿轮箱清洗作业，已经不只在高级修阶段才会涉及，动车运用所中也需要配置齿轮箱清洗设备。该设备与高级修作业中的设备最大的不同点就是可移动性。

（4）是否配置滤筒滤网清洗机，需要综合考虑设备利用率及效率，但应保留原设计中滤筒滤网清洗机安装场地，同时配备风、水、电等配套条件。

10. 通用检修设备设施

初步设计阶段需要明确通用检修设备的数量，尤其是可移动设备的数量，如叉式起重机、桥式起重机、蓄电池搬运车、载货汽车、卸污车等，对于配件立体仓库、空压机、储气罐等需安装的设备，则需要明确规模、规格等。

（1）一般情况下，配件立体仓库采用双巷道四货架规模形式，建议为四货架配备两台堆垛机，不采用带回转轨道的单堆垛机配置，因为堆垛机行经弧形轨道时，容易发生故障，而且取送货口只有一个，堆垛机需要来回运输，造成效率降低。

（2）动车运用所内，尤其是检查库内应设置动车组数据自动下载设备（WTDS），以便于动车组运行数据、故障数据的实时下载。此类设备按照设计专业分工，一般被分配在信息专业，因此需要单独与信息专业设计人员沟通具体的需求及技术规格。

（3）为避免因尾气排放不合格而对大气造成污染，动车运用所内配置的移动设备，如叉式起重机（叉车）、公铁两用牵引车、移动卸污车等车辆，建议选取电驱动设备。

11. 异地存车场

异地存车场、车站以及车站进站方向线路上安装的车辆运行安全在线监测设备都位于动车运用所以外的区域，在可行性研究阶段一般会有提及，但不会明确，因此必须在初步设计阶段确定。

首先，初步设计阶段对于异地存车场的审查，重点在于存车线的接触网是否与正线接触网分开供电，即在夜间正线天窗作业时段，存车线接触网处于有电状态。

其次，明确异地存车场是否具备卸污条件。如果有卸污需求，则需明确卸污设备形式：对于移动卸污形式，需要配置移动卸污车和车库；对于固定卸污形式，需要明确卸污泵房、主泵和单元。建议采用移动卸污形式。另外，具备卸污作业条件的异地存车场还应设置卸污作业人员待检房屋，待检房屋可以与移动卸污车库合并为一栋建筑物。

还应该考虑动车组异地存放时随车机械师的出退乘作业。在有条件的情况下，可以设置值班室，进行出退乘登记、动车组主控钥匙交接等工作。值班室需至少两间 $30\ \mathrm{m}^2$ 独立房间，用于办公和间休。

12. 车站卸污设备

在多数长大交路建设项目中，会在始发站、终到站或较大的枢纽站配置固定卸污设备。有些集团公司的固定卸污设备，类比上水设施，一并交由车站管理、使用，也有些归属车辆系统管理、使用。无论后期运维交给谁，都建议考虑以下两点：

（1）对于在车站站台间设置的固定式地面卸污设备是非常必要的，在车站站房内设置卸污作业人员待检房屋，而且该待检室应与真空卸污泵房、站台端部尽量接近，便于作业人员下站台进行卸污作业。

（2）车站卸污设备的预留工程量，建议一次建成，避免二次施工时对已开通的车站正常运输秩序造成影响。

13. 车辆运行安全在线监控系统

从 2013 年开始，动车组运行线路上增设了轨边检测设备，主要是铁道车辆滚动轴承故障轨旁声学诊断系统（TADS）、动车组运行故障图像检测系统（TEDS）、铁道车辆运行品质轨旁动态监测系统（TPDS）等在线监测设备。这些设备都是在线路两侧或正下方安装传感器，将检测到的数据传入附近的计算机机房内，因此必须在设备附近设置机房（一般为 50 m 内）。

受征地限制，轨边机房的布置大致有两种方案：一种是轨边机房位于线路护网内，必须先行进入护网内部才能打开机房门；另一种则是用机房的一侧墙壁取代护网，线路护网与机房的两侧墙壁直接相连，而机房门就安装在取代护网的墙面上，这样不进入线路护网也可以进入机房。

（1）对于方案一，机房可以选在与轨边设备较近的区域，以减少线缆敷设的工作量，不利之处则是必须在天窗作业点内才能进入机房调试、检修设备。对于只需要在轨边机房就可以完成的操作，如重启服务器等，就会增加很多限制。

（2）对于方案二，则可以在不申请天窗计划的情况下进入轨边机房调试、检修机房设备，但天窗作业时，轨边机房需要单独安排检修人员在线路外配合。

这两种方案各有利弊，如何选取，应综合考虑实际情况及接收单位的管理制度。需要提醒的是，选择方案二设置轨边机房时，若机房门朝向线路外开放，则机房内不得再设置开向线路内的门、窗，避免在非天窗作业时间内从线路外直接进入线路。

1.3 施工图设计阶段

施工图文件是工程实施和验收的依据，根据初步设计的审批意见，采用定测及补充定测资料编制，为施工提供需要的图表和必要的设计说明，并依据施工图工程数量和相关规定编制施工预算。施工图文件应详细说明施工图注意事项和施工安全风险防范的措施，注明运营维护应注意的事项。

无论是动车运用所建设、施工人员，还是验收、接收人员，都应仔细研读施工图内容，尤其是施工图说明以及局部细节图样。验收、接收人员更应该与建设、施工人员充分细致对接施工图中各种细节，尽量避免施工完毕后不利于动车组检修作业的状况发生。例如，检查库边跨探伤设备间向检查库主库打开的门应采用双开无门槛样式，但很多动车运用所会将此门做成双开有门槛样式，导致空心轴探伤机无法从探伤设备间进入检查库主库。

本节内容梳理了中国铁路北京局集团有限公司下辖各动车运用所建设施工

前，对接施工图纸过程中发现的未明确事项[①]。随着设计人员的经验积累，有很多事项已经在后续建设中不再出现，这里只做参考。

本节内容重点关注施工图中的各种细节，因此许多采用"是否"的提问方式叙述，读者可以根据具体施工图自行判断。

1. 出入所线

施工图设计阶段，对于出入所线，需要关注出入所线是否存在坡度、坡度大小等技术参数；还需要确认出入所线上的交叉渡线位置、出入所信号机位置、隔离开关位置等信息。

2. 踏面及受电弓检测棚

（1）检测棚边跨是否设置了校验轮对存放间，存放间出口与棚内车轮故障在线检测系统所在线路之间是否设有硬化平顺路面相连。如此设置可以使用上下轨道装置（手动液压搬运车）将校验轮对从存放间取出，并推入检测设备所在线路。

（2）检测棚内地面采用自流平地面，还是混凝土地面。建议采用前者，因为它可以有效减少灰尘，对轨边设备更加有利。

（3）检测棚两端是否设置了不小于 5 m 宽的平过道或硬化路面。

（4）检修爬梯是否设置防护网。检测棚内受电弓检测设备检修爬梯应设置防护网，并在防护网入口处加装栅栏门。

（5）车轮故障在线检测系统探伤单元使用的耦合液回收管道是否预埋，并设置过滤网。在有条件的情况下，边跨房屋应与检测棚等长，耦合水池应设置在室内，这样可防止耦合水池因处在露天环境下而导致杂物进入耦合水池，同时也能为冬季防寒提供条件。

（6）是否预留穿线管。动车组检测手段、设备越来越先进，因此，在条件允许的情况下，检测棚内基础与边跨机房之间应适当预留穿线管，预留的穿线管应考虑防水需求。

---

① 第 2 章中梳理的是施工过程中发现的各种问题或无法在施工图中具体说明的事项。

3. 存车线

（1）存车线各股道是否配套建设登车台（梯）、停车标；线间排水沟设置在哪些股道间、排水流向，以及是否并入雨水系统。

（2）存车线各股道是否设立分隔信号机，是能满足一列动车组（长编、短编或重联动车组）停放，还是满足两列短编动车组分别停放。

（3）存车场各股道间是否均采用硬化砖铺设，以便于作业人员巡视，随车机械师、司机等乘务人员行走。

（4）存车场内各束线路间的道路及其与平过道相连的转弯处是否杜绝 90°转角，以满足消防车、卸污车转弯要求。

（5）在各存车线周边是否增设栅栏，以便与周边道路形成物理隔离。

4. 检查库

检查库的施工图主要包括三部分：主库部分、边跨部分和地下隐蔽项目部分，设计阶段重点关注以下问题：

（1）主库动车组出入大门是否采用电动防夹折板门。大门上应留有隔离开关观察窗，且在确保冬季保暖的情况下，应尽量增大观察窗面积，这样做既能减轻大门自重，增加采光度，又能为确认隔离开关状态提供便利。

取消大门上设置的人行小门，因为小门不但为人员随意出入检查库增加了可能，而且动车组出入库时，未锁闭的小门也会因侵限而造成事故；其次，因为小门的开闭状态需纳入安全联锁监控系统，当小门处于虚掩状态时，安全联锁监控系统判断错误会带来安全隐患，也为大门检修增加了工作量。

大门与接触网交叉处是否安装了绝缘材料，安全距离是否满足要求（大于 500 mm）。

出入库大门外侧上方是否配置挡雨檐，挡雨檐既可以确保雨水不会沿墙体滴落在穿过大门的接触网上，又可以有效遮挡雨水进入检查库内。

（2）主库内是否设置库内接触网自动接地装置、回流线检测装置、接触网自动验电装置，库内隔离开关远程控制装置是否具有隔离开关监视功能。这些装置或功能也可以纳入安全联锁监控系统技术规格书中。

（3）风源接口距离是否合适。主库内风源接口应相距 20～25 m，便于动车组除尘作业。

（4）是否考虑暖气散热片安装问题。主库各检修股道轨道桥下应尽可能多地增加暖气散热片，建议不要将散热片安装在检修地沟踏板下方，因为那样做不但不利于冬季车底设备融冰除雪作业，而且增加了检修难度。检修地沟内横过检修地沟的暖气管路应尽量低于沟底地面，以避免造成绊人事故。

（5）是否考虑插座箱型号选择问题。主库轨道桥下方配置的插座箱，应选用防水、防尘等级较高的箱体，尽可能防止动车组外皮污水和车下污垢浸入箱体。

（6）是否考虑检查井盖问题。主库无立体作业平台立柱的股道间，如果设置了线缆沟，应每隔 50 m 左右设检查井盖，井盖可承受 5 t 以上载荷。

（7）是否考虑检修股道地沟内侧墙涂料问题。主库各检修股道地沟内侧墙面及股道地面需涂装与主库地面相同的涂料，避免混凝土地面落尘、磕碰。检查地沟内中间设有排水沟，排水时大多采用普通铸铁地沟箅子，不但容易损坏，而且人走在上面容易滑倒，建议采用防滑地垫，或整体改为结实耐用的防滑地沟盖板。

（8）是否考虑挡车器选型问题。主库检修线终端配置的挡车器应选择体积较小的型式，且不得影响人员、设备进入地沟。

（9）是否考虑二层平台水池设置问题。主库立体作业平台二层平台宽度仅能满足一人通过，建议取消二层平台上设置的水池。如果生产必需，建议将水池设置于二层平台外侧。

（10）是否考虑立体作业平台立柱问题。主库采用立柱式立体作业平台时，应确认立柱间距，确保能够满足小型车辆通过，如电动三轮车。

（11）是否考虑卸污线配置问题。主库内固定卸污线与上水线干管是否分设不同的管道，卸污单元箱与上水单元箱作业半径是否能够覆盖两列位动车组所有车厢卸污口和上水口。

（12）是否考虑人工洗车引起的地面防腐蚀问题。冬季动车组外皮清洗机无法工作期间，需在检查库主库内进行人工洗车作业，使用的清洗剂带有一定的腐蚀性，因此检查库主库内地面涂料应采用防酸碱腐蚀材料。

（13）是否考虑主库地面排水问题。主库内轨道桥两侧，动车组车体外皮投影的地面，应设置浅排水沟，沟底形成斜面，依靠重力将外皮清洗污水和地面污水汇入间隔设置的与轨道检查地沟内排水沟相连的排水管中。

（14）是否考虑主库与边跨高差问题。主库内地面标高为−950 mm（库内轨面标高为 0 mm），边跨一层多数房屋地面与主库地面持平，因此这些房屋地面与库外地面存在较大高差。对于面积较大房间，通常设置有向库外的消防逃生门，门内侧设置有步行台阶，因此应尽量减少大开间房屋数量，以有效减少室内台阶数量；如无法取消室内台阶，应尽量将台阶设置在角落，并在台阶上安装扶手护栏。

（15）主库、边跨是否设置作业人员饮用水水源及电茶炉插座。

（16）主库门口是否设置铁艺栅栏门。为了夏季库内降温，主库动车组出入门、尽头端大配件运输车辆出入门，以及边跨各消防通道门，在夏季时处于开放状态，因此建议增加铁艺栅栏门，既可保证通风降温，又可实现安全防范。

（17）是否考虑边跨一层房屋地板问题。边跨一层各房屋内地面形式，除单独说明的房屋，如信号机房、信息机房、通信机房、消防中控室、调度室等，应采用防静电地板外，其他房屋地面材质均应与主库地面相同，包括边跨消防通道内地面。

（18）是否考虑其他单位用房问题。为便于一体化管理，直接参与动车组整备检修作业的单位，在检查库内应安排生产用房；不直接参与动车组整备检修作业的单位可不安排。

（19）边跨调度室面积和配套设施是否满足合署办公需求。按照《关于明确铁路动车段（所）内工作场所设置方式的通知》（铁总运〔2015〕154 号）要求，建议将车务调度、机务调度与车辆调度均设置在调度室内。如果机务专业有专门的派班用房，可只将车务调度和车辆调度合署办公。

（20）动车组入库股道确认按钮应设置于边跨调度室内。调度室是否设置了动车运用所集中控制系统（CCS），与相邻高铁车站间是否设置列车信号。

（21）是否考虑安装空间预留及防鼠、防洪问题。边跨内信息机房、通信机房、信号机房应与调度室相连，并设置在同一层。随着信息化、智能化设备的增多，信息机房的面积应充分考虑预留机柜的安装空间，同时采取防鼠、防洪等措施。

（22）边跨中消防中控室是否与消防泵房相连。为便于管理和巡视，二者应相连。

（23）是否考虑探伤设备间地面防滑问题。边跨空心轴探伤设备间内配置了空心轴探伤机和人工缺陷样轴。由于每次探伤作业开始前和结束后都须对空心轴探伤机进行样轴日常校验，所以探伤设备间内地面经常附着大量耦合油，容易造成人员摔伤和设备走行轮打滑。因此，探伤设备间地面应采用防滑材料。

（24）空心轴探伤设备间是否设门槛问题。边跨空心轴探伤设备间进出主库的通道门不得设置门槛，确保空心轴探伤机能够顺利通过。

（25）是否考虑客运整备用房位置问题。边跨中客运整备用房应接近检查库端头，便于客运备品运输。

（26）是否考虑真空卸污泵房起重机问题。边跨真空卸污泵房内应安装 1.5 t 单梁悬挂起重机，用于真空卸污主泵配件吊装、检修。

（27）是否考虑搬运车存放间地面高度问题。边跨一端搬运车存放间地面应与库外地面高度一致，并且该存放间朝向库内①、库外的大门高度、宽度均应确保蓄电池搬运车和蓄电池叉车等移动设备顺利通过。

（28）边跨部分办公房屋面积大小是否满足办公用房相关规定。

（29）是否考虑保密室安防设施。按照保密工作相关文件要求，边跨保密室需要安装铁门、铁窗、监控报警器等安防设施。

（30）是否考虑窗户材质问题。设计规范中，一般不明确边跨各办公室、待检室等房屋窗户材质，建议统一采用断桥铝合金窗户，并安装防蚊虫纱窗，既美观又耐用。

（31）是否考虑地下隐蔽项目问题。检查库内地下隐蔽项目主要包括电力线缆横沟、真空卸污主管横沟、消防管路纵沟、给水管路纵沟等。一般情况下，横沟均深于纵沟，还必须在各沟内设置集排、提升设施。

---

① 主库两端地面与轨面等高。

5. 临修及不落轮镟库

临修及不落轮镟库内主要设置转向架更换设备、不落轮镟床、局部作业平台、公铁两用牵引车、头部作业平台，以及桥式起重机等设备。各项设备均为成熟定型产品，因此各项配套基础、供电等已经较少存在问题，设计阶段重点关注以下问题：

（1）是否考虑线间距问题。确认临修线与不落轮镟线间距，确保两线同时停放动车组进行作业时，能留出充足的空间。如果不落轮镟床铁屑小车设置在库内，需确认其位置是否与临修线距离过近。

（2）是否考虑入库信号问题。入库方向不需要设置股道确认按钮箱，库前只设立停车标，不设置信号机。

（3）库外两端硬化区段和库内轨道线路扣件槽应采用有固定支撑的橡胶垫块，确保能够承受公铁两用牵引车，承受大型货车碾压。

（4）在转向架更换设备基础土建施工中，常配套设置一条轮对缓存线，因为对于较大规模的动车运用所，临修换轮工作较多。因此，在有条件的情况下，应尽量加长该轮对缓存线。

（5）转向架更换设备和不落轮镟床均需配套较深的设备基础，且设备基础地面低于库外线路排水，因此，施工图中必须在基坑内设置集水井和潜水泵，并将排水管直接引出临修及不落轮镟库至室外排水沟，同时确保室外排水沟内的水不会沿排水管回流。

（6）不落轮镟床操作人员作业区域内应加装采暖设施和制冷降温设施，用于冬季不落轮镟床液压站保温，夏季作业区域内降温。

（7）不落轮镟床基坑内混凝土地面应进行必要处理，避免混凝土地面扬尘，降低设备寿命。由于基坑内存在镟修铁屑，建议采用表面硬度较大的瓷砖。

（8）局部作业平台应使用独立的移动式空压机提供风源，避免从空压机间供风。如果空压机间距临修及不落轮镟库较近，且管路上方无轨道线路，可以考虑将空压机间风源引入临修及不落轮镟库，建议设置阀门井，以便于查找泄漏故障点。

（9）临修及不落轮镟库内一般不设置消防中控设备设施以及消防泵房和水池。如果需要设置，消防设施、泵房和水池应纳入检查库消防中控统一管理。

（10）临修及不落轮镟库内供暖方式应纳入动车运用所统一供暖。如果由于距离较远，需单独设置时，应尽量采用市政供暖引入及换热站形式。

6. 洗车库

（1）是否考虑污水处理问题。无论是通过式外皮清洗机还是库内式外皮清洗机，均应考虑洗车区域地面坡度设计是否考虑污水流向，包括清洗结束后的部分硬化道床，确保90%以上的污水能够回流入设备间的中水处理装置中。

（2）是否明确股道确认按钮箱位置。洗车库入库端设置的股道确认按钮箱，应安装于控制室内。

（3）是否考虑挡水墙两侧瓷砖问题。通过式外皮清洗机挡水墙两侧应避免粘贴釉面瓷砖，可以考虑干挂瓷砖或不锈钢板。

（4）是否考虑蓄电池叉车走行条件。洗车库设备间安装有大型的部件，如过滤罐、储气罐、空压机等，应考虑蓄电池叉车走行条件。

7. 牵出线及人工洗车线

作为人工洗车线的线路，必须设置独立的隔离开关，线路两侧进行地面硬化，同时设置专门的上水栓和排水沟。必要时，还应设置动力电源和充电间，用于移动外皮清洗机充电和停放。

8. 其他生产生活设施

（1）环所道路宽度是否能保证两辆汽车会车宽度要求。

（2）治安岗亭是否具备用电条件。

（3）动车运用所内平过道是否配置安全警示标志及揭示牌。建议在道口及平过道处安装无线报警装置、视频监控设备、道口广播、电子警察或其他安全强化设施。

（4）是否设置蒸汽锅炉。早期动车运用所设计使用蒸汽锅炉为冬季洗车库内热风幕提供热源，但经过实践验证，北方地区冬季不适宜使用洗车库进行外皮清洗作业，因此建议动车运用所不再设置蒸汽锅炉。

（5）空压机间是否考虑以下问题：一般情况下，空压机间内储气罐、分气缸由施工单位负责购置、安装，建议购置储气罐和分气缸的同时，为储气罐和分气缸手动排污阀增配自动排污控制器，并将排污管引入室外排污井中，做好首次防寒措施。由于排污时风压较大，应考虑到排污井中污水外溅问题。

（6）空压机间设备是否双路供电。空压机间内配电柜容量应能满足两台空压机同时运转所需负荷，且应确保双路供电。随着检查库内压缩空气管路老化，压缩空气管路泄漏现象会越来越频繁，而且检查库内压缩空气管路受季节温度变化影响较大，两台空压机同时运转的情况就会随之增多，而不再是以主备互补的方式运转，因此电力负荷必须满足两台设备同时运转需求。检查库内立体作业平台渡板采用压缩空气作为收起并保持的动力源，一旦管路内压力下降到临界值，渡板将自行下垂而侵入机车车辆限界，因此空压机必须时刻处于运转或待机状态，确保压缩空气管路内压力不低于临界值，所以虽然空压机间内设备不属于一级负荷范围，但仍旧需要双路供电。

（7）宿舍房屋是否安装晾衣杆。设计规范中未明确在动车运用所单身宿舍房间内安装晾衣杆，需要宿舍房屋管理单位在施工图阶段明确提出需求。

9. 专用检修设备设施

检查库主库内需要安装部分专用检修设备设施，在施工图设计阶段需要考虑以下内容：

（1）是否共线安装。动车运用所内配置的在线移动式轮辐轮辋探伤机为两台时，建议共线安装，即安装在同一条检修地沟内，同时在另选一条检修地沟内安装走行小轨道。如果配置三台在线移动式轮辐轮辋探伤机，可以考虑在临修及不落轮镟库内与双轴不落轮镟床共线安装一台，这样可以实现在进行动车组整列轮对修形专项修的同时，进行轮辐轮辋探伤专项修作业。当然，设备共线安装，尤其是不同设备共线安装时，还需要动车运用所内制定与之相对应的管理组织机制，最大限度地减少设备空置期，提高劳动生产效率。

（2）上水单元箱、卸污单元箱是否满足各型动车组上水、卸污作业需求。

上水单元箱、卸污单元箱应采用不锈钢材质，其单元箱上表面高度应与主库地面相平，即−950 mm；上水管口、卸污管口应在箱体上部，并且不落入单元箱内；建议上水、卸污软管采用机械式收卷机构，或直接散放在箱内。

（3）检查库内上水及卸污单元基础井是否充分考虑维修人员作业空间。

10. 通用检修设备设施

（1）动车运用所内除动车组管理信息系统、办公网络外，是否预留了增加其他信息系统的条件，如通道容量、线缆槽道、电力容量等。

（2）检查库内是否实现无线网络覆盖。

（3）悬挂式综合支吊架是否配备用于检修支吊架本身和检修支吊架内管槽、线缆的维护作业走廊（马道）。

（4）是否考虑照明灯具安装问题。检查库内真空卸污泵房、消防水池间内照明灯具应安装在侧墙，尤其是真空卸污泵房内，屋顶距设备基础所在地面的垂直距离接近 20 m，照明灯具安装在屋顶势必带来维修困难。

（5）检查库主库内照明是采用集中控制，还是分散控制。集中控制更加利于操作，但也增加了维修的难度。检查库主库内照明分为库顶照明和立体作业平台下照明（包括轨道地沟内照明）。库顶照明集中控制总开关应设置在边跨调度室或门卫值班室，库顶照明灯具应安装在下方无立体作业平台等便于维修区域的梁架处，不能安装在轨道上方，必要时可以组织施工单位先进行库内轨道、接触网、立体作业平台施工，再安装库顶照明灯具。立体作业平台照明，主要用于辅助检修作业，尤其是二层平台下和检修地沟内照明，更是检修作业中的主要照明条件，立体作业平台照明控制总开关宜按股道、列位分开设置。检查库内各照明灯具均应采用 LED 节能灯具。

（6）是否考虑通信增强问题。动车运用所内受大面积接触网电磁辐射影响，检查库边跨调度室内使用手持对讲机很难与存车场停放的动车组车厢内随车机械师等人员进行沟通。在规模较大的检查库内，有时也会因为房屋钢梁架、接触网等金属结构造成手持对讲机通话质量降低，因此需要在动车运用所主库调度室内配置大功率台式对讲机，以及中继天线等设备。

（7）临修及不落轮镟库、踏面及受电弓检测棚、洗车库等检查库以外的单体建筑物内是否设置了信息网络通道，并与检查库信息机房连通。

（8）是否考虑安全标识问题。动车运用所场区内，应在必要位置设置电气化区段、限速、限高、道口"一站、二看、三指认、四通过"等安全标识。

（9）是否考虑隔离开关防护问题。检查库、临修及不落轮镟库、洗车库、踏面及受电弓检测棚外，供动车组和设备检修使用的隔离开关应设置隔离防护栅栏，并且栅栏内应进行地面硬化。

11. 异地存车场

异地存车场各条存车线接触网供电应与正线供电分开，确保冬季动车组打温与正线天窗作业不冲突。

12. 车站卸污设备

（1）车站到发线间的固定卸污单元用电应与其他设备设施动力电源分开设置，尤其是到发线间的上水单元，避免线路故障时相互影响。

（2）车站真空卸污系统主泵房屋如果单独建设，应在站台与主泵房之间铺设 1.2 m 宽人行道路。

（3）车站卸污作业人员待检室应尽可能靠近站台，便于作业人员尽快到达作业股道。

13. 车辆运行安全在线监控系统

车站到发线或正线上安装的车辆运行安全在线监控系统，尤其是动车组运行故障动态检测系统（TEDS），检测数据应传输至各段集中检测中心，连入集中检测平台。在该设备购置时，应充分考虑集中检测中心相关服务器、机柜、交换机等硬件设备，以及集中检测平台等配套软件。该软件为国铁集团指定，由中国铁道科学研究院集团有限公司负责研发。

第2章

建设施工阶段

对于车辆专业单位来说，最大的关注点是动车运用所各项设备设施是否具备使用条件。因此，在可行性研究阶段和初步设计阶段，车辆专业单位的关注重点主要是"布局"，而在施工图设计阶段车辆专业单位的关注重点是各种检修需求是否得到满足，所以施工阶段就是检修需求满足条件的实现和验证阶段，是最重要的阶段。

本章主要关注在动车运用所建设过程中施工现场发现的各类问题，有些问题是在施工图设计阶段已经提到过的，有些问题只有在施工过程中才会发现，有些问题也只会在施工过程中发生。本章中所涉及的内容，大多出自编者对主持过的 13 条高速和客专铁路、10 处动车运用所、2 处客技站、1 处客列检、1 处动车组高级修基地建设过程中发生的问题梳理，有常见问题，也有鲜少发生的问题。

2.1 房屋工程施工

房屋建设的验收工作是由房建专业单位负责的，但是房建专业关注的重点是房屋、建筑物、构筑物的建设质量，以及部分配套供电、供水、消防等设施的施工质量，因此若发现吊顶开裂、龙骨断裂、墙体开裂、水管漏水等问题，车辆专业单位应及时与房建部门沟通联系。而车辆专业关注的重点则是房屋等设施的使用功能，是否能够更好地服务于动车组日常检修作业。因此，本节对动车运用所内主要生产生活房屋施工过程中发现的使用问题逐一进行汇总和梳理。

1. 检查库

检查库是动车运用所中功能最多、完成检修作业项目最多、各专业生产作业人员最多、面积最大的建筑物。建设施工阶段最首要的任务就是按照初步设计阶段确定的主库和边跨各房间、区域功能，明确相应的配套条件，例如地面、吊顶、供电、供水、供风、供暖、网络、消防喷淋等。

（1）主库动车组入库端库外地面硬化方式应采取整体硬化方式，在轨道槽内加装橡胶垫块，同时硬化区域与隔离开关杆相连。

（2）主库动车组出入库大门外，应设置截水沟，防止雨势较大时，库外硬化面积水，防止轨道槽内积水倒流入检查库地沟内。

（3）主库动车组入库大门应为折板门。折板门的开启和关闭必须采用点动形式，即松开按钮时，大门停止开闭动作。折板门上应设置隔离开关观察窗口，作业人员可以通过观察窗确认隔离开关状态，而不需要打开大门[①]。必要时，应在折板门上安装入地插销，当折板门处于开启状态时，可以通过插销锁住折板门，防止由于大风或电机故障造成折板门突然闭合。

（4）主库屋顶雨水排水管应从库外安装，防止因雨水排水管破损使雨水流入库内，同时将与排水干管相连的转弯处埋入地下。

（5）主库各股道轨道桥两侧地面应设置排水沟，该排水沟应处于车体两侧面投影正下方，宽 300 mm 左右，深 200 mm 左右即可，沿轨道方向应在人行通道处分断。各段排水沟应与检查地沟排水沟相连。沟盖板使用轻便、结实、耐腐蚀的尼龙或树脂材料。该排水沟的主要作用是收集动车组排水、外皮清洗污水等，避免主库内地面积水。

（6）主库内各股道低于轨面区域的地面，应设置排水坡度，以便将地面积水排入股道两侧的排水沟内。主库两端低于轨面区域地面与轨面齐平区域

[①] 新建动车运用所配置的安全联锁监控系统中隔离开关远程操作柜都配有隔离开关监视摄像头，可以直接利用显示器画面观察所操作的隔离开关状态，但编者仍然建议保留折板门上的观察窗口。

地面之间的过渡坡道需进行防滑处理。与轨面齐平区域地面轨道槽应设置橡胶垫块，尽可能减小轨道槽宽度，确保重型设备，如空心轴探伤机等，可以顺利通过。

（7）主库各股道检查地沟内排水沟盖板应使用轻便、结实、耐腐蚀的尼龙或树脂材料，既便于清理排水沟，又不易损坏。为减少对排水沟搭接盖板的沟沿处的磨损破坏，还可以加宽沟沿并增加护角。

（8）主库检查地沟内设置的横向线缆套管、暖气管路等，应埋入检查地沟内排水沟以下地面，以免高出检查地沟地面，造成检修人员磕绊。在检查地沟的人行通过台阶处安装的台阶扶手，必须多点牢固固定。

（9）主库各股道轨道桥下方地沟照明灯一般有三种安装方式，即直接固定在钢轨底部、在轨道桥立柱间加照明灯横梁、利用支架安装在距地面一定高度处①。此三种安装方式，照明灯均会被动车组外皮清洗时的污水淋湿，因此必须使用防水等级较高的灯罩，尤其是第三种方式，使用的支架也应进行防锈处理。此三种安装方式，均存在如何确定电源引线布线位置问题，应根据现场实际情况尽可能采用明管布线②，立管靠近轨道桥支柱固定。

（10）主库内设置综合管沟时，应在综合管沟中安装强通风设施，确保内部空间空气流通，尤其是维修人员进入综合管沟前，必须先对管沟内进行通风及含氧量检测。

（11）主库内各股道上水单元箱、卸污单元箱上盖板应与地面平齐，不得高于地面，盖板能承担不低于 5 t 载荷③。盖板边缘与地面搭接处，应做好地面防护。

（12）主库立体作业平台扶梯应尽量避开人行通道：检查库最外侧列位的扶梯可采取靠近墙体的方式④；中间列位的扶梯可采用为两组平台增设连通平台并共用一组扶梯的方式。

---

① 不建议采用此种方式。

② 轨道桥附近地面较其他地面受腐蚀程度大，预埋管线寿命短。

③ 此处的"5 t"为经验值。如果能确保无重型设备、车辆碾轧，也可以适当减少载荷，太过于沉重的盖板也会为检修设备带来麻烦。

④ 不能遮挡消防栓、配电箱等设施。

（13）主库各股道一侧采用落地形式安装的立体作业平台，立柱地脚螺栓应使用尼龙保护套包裹后，浇筑在地面以下，防止凸出地面部分造成人身安全隐患。

（14）主库各股道电务测试环线发码箱，应设置在二层平台扶梯下方。当列位共用一组扶梯时，建议两套发码箱并排放于扶梯下方，同时预埋穿线管路。

（15）主库内各股道接触网，当接触网腕臂安装在单独悬挂的支柱上时，支柱下沿与三层作业平台的距离应满足作业人员通过条件；接触网腕臂安装在主库房屋梁架支柱上时，腕臂绝缘子应在三层作业平台安全距离以外。

（16）主库各股道三层作业平台登顶门应使用自动回弹合页。该项要求也可以纳入立体作业平台采购技术规格书中。

（17）主库综合支吊架必须配置维修通道，维修通道至少满足 1 人通过的宽度（600 mm 以上），可同时承载至少 2 人体重（200 kg 以上）的重量。同时，检修人员位于维修通道上，应能够对最远侧线槽内的线缆进行维修、抽换。这些具体要求也应纳入综合支吊架采购技术规格书中。

（18）主库顶部大多数照明灯具安装位置不利于登高作业车升降，给灯具维修、更换带来不便。因此，在确保灯具与库内接触网安全距离的同时，应采用带升降机构的灯具。

（19）主库内各股道终端挡车器，应选取小型挡车器①，不得影响进入检查地沟的通道。

（20）主库内风管应采用快速接头，不宜设置为盘管器。

（21）主库内股道数量较多（8 线以上）时，可以考虑在主库一端适当位置设置现场调度室，为主库作业人员办理必要的生产手续提供便利。由于现场调度室属于"房中房"形式，而且现场调度室内还需要安装电气设备，应充分考虑消防、用电等需求。对于检查库规模不大的情况，建议不设现场调度室，更便于各项作业集中管理和调度集中指挥。

（22）边跨与主库间各消防通道门应朝向库外打开，其阻尼器的阻力应适

---

① 部分项目，挡车器的选取参照室外存车线终端的要求，因此挡车器体积较大。而动车运用所检查库内，动车组的行驶速度为不高于 5 km/h，而且停车标位于立体作业平台上，因此挡车器可以选取体积较小的简易型式。建议设计和施工单位对于库内挡车器的选型应更多考虑现场实际需求。

当；通道位置防火门不得设门槛；防火门应具有自动关闭功能，双开门应按顺序自动关闭。设置在设备间、电井、管井等有防火要求位置上的防火门可以设置门槛（有移动设备通过的设备间除外）。为防止撞伤，防火门板上应开设玻璃窗，加装防爆玻璃。主库地面一般低于库外地面，因此边跨消防通道地面坡道应进行防滑处理，并涂画黄色网格标识线。

（23）边跨入库门卫处设置玻璃门斗，可以有效阻隔室内外温度交换，为门卫值守人员提供较好的值守条件。合理布置闸机、安检仪等设备。门卫值守间与门厅间的隔墙应设置推拉窗。

（24）边跨各职工待检室、办公室、会议室、学习室、资料室、间休室等安装空调的房间内，应设置合适的空调插座和空气开关，分体壁挂空调插座留在墙面上方，分体落地柜机空调插座留在墙面下方。边跨一层各房间内设置分体落地柜机空调时，应考虑空调冷凝水的排放[①]。

（25）边跨部分房屋内，如探伤设备间、探伤分析待检室、检修班组待检室、工具间等，应设置吊顶。吊顶既可以减小冬季室内散热空间，又可以降低夏季制冷能耗，还能增加室内舒适度。这些房屋内均为职工日常工作场所，为了减少灰尘产生，便于清洁，不应采用混凝土地面。

（26）边跨各房屋的配套电力、信息、电话等线缆，均应从检查库内布设，确需从检查库外穿墙布线时，应充分考虑穿墙孔防水、防鼠、防尘措施，位于地面以下的穿墙套管，应重点注意防水措施。

（27）边跨信息机房内不设置采暖设施，包括管路阀门等。信息机房铺设防静电地板，采用隔热窗。电教学习室、调度室等布线较多的房间内也应铺设防静电地板。

（28）边跨探伤设备间内应配置两台以上分体式空调，确保屋内温湿度满足存放空心轴探伤机样轴要求。探伤设备间与主库连通的屋门不应设置门槛，确保空心轴探伤机能顺利通过。探伤设备间内地面应进行防滑处理，避免因探伤

---

① 边跨一层多处房屋地面低于库外地面，外排冷凝水的方法有两种：一种是加泵；另一种是加装平台。在调度室等房间，宜采用第二种。该方法既减少配套电力工程，消除空调冷凝水溢流到防静电地板下的隐患，又可为调度室增设文件柜橱等办公设施。

耦合剂溢洒在地面上而造成人员滑倒摔伤。由于空心轴探伤机为精密仪器，所以探伤设备间地面应做好防尘、防渗处理。

（29）边跨移动作业车辆存放间内应适当增配移动车辆充电插座，必要时，也要设置非常规插座（航空插座），并规划充足电容量。存放间内有移动设备走行，所以不应使用混凝土地面。

（30）边跨滤筒滤网清洗间应配备排水沟，预留水源、电源、风源接口。

（31）边跨立体仓库内应设置设备监控室、材料发放口等配套设施。立体仓库朝向库内的大门应采用对开门，不设门槛，不应采用卷帘门。

（32）边跨大部件库内存放的配件大多采用叉式起重机（叉车）运输，但是库内外地面标高不同，因此大部件库门与库外、库内应设置不同坡度的坡道。同时，大部件库库门应采用双开门，高度在 3.3 m 以上，不得设置门槛。

（33）边跨大部件检修区、真空卸污泵房内均设有单梁起重机，应确保单梁起重机大车走行范围能够覆盖作业区域。

（34）边跨部分房屋需进出移动车辆，如三轮车、蓄电池搬运车等，因此朝向库外的门口应采用坡道与库外道路相连，不设台阶。

（35）在施工过程中，边跨各房屋窗户容易发生变形，因此应在验收过程中，对窗户开闭和纱窗抽拉增加抽样检查数量。建议在窗台设置窗台石，并采取防雨渗入措施。

（36）边跨一层各房间朝向主库开门处，应尽可能避开主库斜支柱位置。

2. 临修及不落轮镟库

临修及不落轮镟库中完成的作业主要有两种：一是发生影响动车组正常运行的故障时，需要更换大型部件；二是轮对发生剥离、擦伤、外形尺寸超限时，需要对轮对进行踏面镟修作业。为配合这两种作业，除转向架更换设备和不落轮镟床两种主要设备外，还需要配置临修作业使用到的设备，如公铁两用牵引车、双梁桥式起重机（双梁天车）、叉式起重机（叉车）、局部作业平台、头车作业平台、移动空压机等，有些动车运用所还会配置一些用于作业质量管控的信息系统。围绕这些作业项目和用到的设备设施，动车运用所建设过程中需要关注的内容如下：

（1）有些动车运用所临修及不落轮镟库两侧会设置存车线、通过线等，因此临修及不落轮镟库屋顶雨水排水管应从库外引至地下排水系统中。

（2）库外两端平直线路长度至少 20 m 区域内应采用整体硬化地面，确保公铁两用牵引车、大型配件运送车辆能够平稳上下道和行驶。该硬化地面应与库外线路上动车组自轮运转停车位旁的登车台相连。

（3）库外两端 20 m 整体硬化区域应与动车运用所道路相连，连接处应能满足大型配件运输车辆转弯、倒车等需求。

（4）库外两端动车组出入门口处应设置截水槽，防止雨水沿轨道槽倒流入转向架更换设备和不落轮镟床基坑内。

（5）库两端动车组出入大门，应配置地脚插销。一般情况下，临修及不落轮镟库轴线长度为 66 m，动车组在库内作业时，处于"穿库"状态，即库门处于开放状态，动车组大部分车体位于库外。风势较大时，只有地脚插销才能最大限度地确保大门不与动车组发生碰撞。

（6）库内地面应与检查库主库地面形式相同，同时还应满足公铁两用牵引车、大型配件运输车在库内走行碾轧的需求。

（7）库内各项作业需要长时间打开库门，转向架更换设备和不落轮镟床都配有液压站，尤其是不落轮镟床基坑较深，面积较大，作业人员在基坑内作业，虽然基坑装有保温罩，但还应在基坑中安装暖气散热片和空调，确保冬季和夏季基坑内的温度适宜人员作业和设备运转。

（8）库内公铁两用牵引车、蓄电池叉车等设备均需要定期充电，应在库内固定位置配备用于充电的配电箱，确保电容量充足。

（9）库内双梁桥式起重机的使用频次不高，大多数情况下，不再配备天车驾驶室，而是采用地面遥控器操作，但是检修双梁桥式起重机仍需要检修爬梯，而且爬梯能够到达起重机大车高度，因此库内应在起重机定置停放位置处配备爬梯。

（10）库内不落轮镟床基坑较大且深，应在基坑四周设置护栏。基坑内侧壁、地面应进行无尘化处理，避免出现镟轮引起散落铁屑、人员走动造成尘土飞扬问题。

（11）多数情况下，临修及不落轮镟库距动车运用所生活、办公区较远，应在库内设置厕所，有条件时应配备淋浴间等。

3. 洗车库

根据动车组外皮清洗机型式，洗车库分为两种，一种是通过式洗车库，另一种是室内式洗车库。通过式洗车库配备的是通过式洗车机，可以在动车组不停车换弓的情况下完成洗车作业，缺点是无法实现端洗作业。室内式洗车库内没有接触网，对于长编动车组或重联动车组，需要切换受电弓完成洗车作业；对于短编动车组，只能依靠牵车机实现洗车作业；室内式洗车库可以实现端洗作业，但重联动车组重联端无法进行清洗。

洗车库的房屋建设工程比较简单，严格意义上讲，室内式洗车库才能称为"库"，而通过式洗车库已经不能算是"库"，所以通过式洗车库在房屋施工方面出现的问题不多，主要集中在控制室和设备间。室内式洗车库则多了刷组库，它与通过式洗车库的区别也在于刷组库，室内式洗车库就是指有屋顶的刷组库，通过式洗车库就是没有屋顶，只保留挡水墙，又增加了接触网的"刷组库"。

对于有屋顶的刷组库（室内式洗车库），需要关注的是库两端的卷帘门，该卷帘门的防坠落措施是重中之重，无论是无法打开还是无法关闭，亦或是打开过程中和关闭过程中发生故障，都将直接影响洗车作业，甚至刮蹭动车组。除此之外就是库内顶部的照明灯，由于洗车库内水汽不易散出，库顶的照明灯具、管路、电路等很容易锈蚀，所以必须考虑防锈措施，以及锈蚀后的各项防掉落安全保障措施和维修更换条件。

关于洗车库的基建工程部分，还需要注意的是：刷组库（室内式或通过式）墙面应涂抹防水层后粘贴瓷砖，要特别注意瓷砖粘贴质量，最好选用干挂瓷砖或不锈钢板；设备间内地面应铺设地砖；控制室内应敷设防静电地板；控制室与室外、控制室与设备间之间的通过门应设置挡鼠板；控制室各配电柜内接线质量等等。

由于动车组外皮清洗机自带污水处理系统，因此 80%～90% 的洗车污水可以回收并循环利用，但仍有少量外排，此时就需要关注洗车库与库外排水管道相连的溢水口位置是否设有接口井。[①]

控制室设置在一层，对于洗车作业过程中的设备状态监控只能通过摄像头完成，因为即使安装了观察窗，也会因为刷组的遮挡和甩出的污水导致无法通过观察窗观察。因此，摄像头的观察角度必须全面，不能存在盲区，必须使操作人员能清楚观察洗车过程中的各刷组状态，必要时应多设置云台摄像机。有条件时，可将控制室设置在二层，并设观察窗。

4. 踏面及受电弓检测棚

通常情况下，踏面及受电弓检测棚是动车运用所中距生产、办公区域最远的建筑物[②]，也是动车组入所经过的第一个建筑物，由于无人值守，所以应重点关注该检测棚及附属机房的施工质量。除此之外，还应关注以下内容：

（1）检测棚外两端应铺设不少于 5 m 长的硬化地面，并在样板轮上下轨道区域轨道槽使用橡胶垫块填充。

（2）检测棚应为完整棚式结构，无论检测棚上方是否有遮挡物，都不得采用支架代替检测棚。检测棚除安装设备和对设备必要的防护外，更重要的作用是遮光功能，可以确保检测棚内各角度摄像头能够清晰采集到动车组车顶和受电弓的状态。

（3）检测棚内照明用吊灯，应安装在棚顶两侧设备检修走廊附近，禁止安装在棚顶正中或接触网上方；灯具固定方式应采用螺栓固定式，禁止使用铁链吊装式。

（4）检测棚内上部安装了动车组受电弓检测设备，以及检修用走廊，因此需安装扶（爬）梯，并且配备防护网和隔离门。防护网的作用是避免攀爬时出现意外；隔离门的作用则是防止无关人员在接触网未停电时擅自攀爬。

（5）检测棚内地面安装的动车组走行部检测设备，多为精密的传感器，因此应对棚内混凝土地面进行减尘处理，例如涂刷固化剂、自流平涂料等。

[①] 接口井更多的是用来监测溢流的水质。

[②] 开行高速铁路早期，个别动车运用所将踏面及受电弓检测棚设置在检查库前，但由于棚内设备的特殊工作条件，造成动车运用所内采用非常规调车作业，因此已经很少采用这样的布置方案。

（6）检测棚机房内部应与检查库室内机房配置相同，即双路互投动力电源、防雷接地设施、防静电地板、机房专用空调等。该机房应不设置窗户和暖气；机房与检测棚设备互连的穿线过墙孔，必须采取防鼠、防水、防火、封堵措施。

（7）检测棚机房入口应与动车运用所环所道路相连通，且设置台阶；样轮存放间应与检测线路硬化路面相连，并且不得设置台阶和门槛。

（8）当检测棚耦合水池设置在机房内时，可在室内设置采暖设施，并且要注意排水措施，防止水池溢出或暖气管路漏水损坏设备。当耦合水池设置在室外时，应注意水管路防寒措施和水池覆盖措施。有条件时，应安装防护栅栏。耦合水池设置在室内，可以有效隔离杂物，使之不能进入水池，且对于管路也有较好的防寒效果，但是也为冬季加注防冻液带来了麻烦（只能借助抽吸泵加注）；耦合水池设置在室外的优劣则正好相反。需要提醒的是，当耦合水池设置于室外时，应在耦合水池附近敷设与环所道路相连的甬路，便于防冻液桶的运送。

5. 空压机间

早期动车运用所大多将空压机间设在检查库边跨内，由于储气罐属于特种设备，存在安全风险，所以后期的空压机间大多单独设立，将储气罐和空压机分隔开来，分设空压机间和储气罐间，空压机间内还应配备油水分离、干燥设备，储气罐间内还应设置分气缸。

（1）空压机间建筑结构较为简单，但受空压机运转的影响，空压机间内外必须保证良好的通风条件。空压机的运转功率越大，空压机间内局部产生的负压越大，因此需要的通风量越大，引起的空气对流量也越大，所以必须为空压机进气口设置专门的导流罩，与室外相连通。压缩空气做功、空压机电机运转发热都会导致空压机间内环境温度升高，良好的通风，也有助于设备散热，确保设备正常运转。在有条件的情况下，可以为空压机间配备降温设施。

（2）尽量避免将储气罐设置在室外环境，或是半开放的室外（有挡雨棚和矮墙）环境，安全阀、管路接头、排水阀等均为机械结构，暴露在室外容易锈蚀。更主要的原因是，储气罐底和排水管中存留的积水在冬季会结冰，因此设置在室外或半开放棚内的储气罐必须增加防寒措施。在极端情况下，还要采取"虚开"排水阀的方式①，确保储气罐内不能有任何积水。即使设置在室内，也要配备采暖设施，保证屋内温度。

（3）空气压缩机、油水分离设备、储气罐、分气缸都必须定期进行排水，其中空压机和油水分离设备大多可以自动排水，而储气罐和分气缸则需要人工排水。建议为储气罐和分气缸配置定时自动排水装置。由于排水压力较大，喷出的污水中含有油污，且排水时间不一致，因此这些设备的排水管可以分别引出至特定的集水井中，或合并引出后直接排至室外。合并排污时，应注意压缩空气水雾对其他设备排污阀的反向冲击；排至室外时，应注意不要正对道路和有行人的方向；另外，排出的水雾中含有油污，应注意排放点周边的环境污染问题。

（4）一般情况下，动车运用所内使用压缩空气的作业点位有：检查库内立体作业平台、检查库内供气管路、临修及不落轮镟库内局部作业平台，以及单独设置的滤筒滤网吹扫间②。前文已经介绍，不建议由空压机间向临修及不落轮镟库的局部作业平台供给压缩空气，因此空压机间的主要供气点为检查库，所以分气缸的出口数按照检查库主库建设规模设置，如每两线③立体作业平台设置一路出口，库内供气管路单独设置一路出口④。

（5）空压机间和储气罐间内照明灯具应采用防爆灯。空压机间和储气罐间内地面应采取降尘措施，例如在混凝土地面上涂刷固化剂或自流平涂料等。

（6）空压机间内各管路应涂打压缩空气流向标识；分气缸应涂打进气口和

---

① 虚开排水阀的方式，既降低了排水阀的寿命，又违反了节能降耗的原则，而且高压气流会加速排水阀老化，所以此方法只能在极端天气情况下短期应急使用。

② 滤筒滤网吹扫间设置在检查库边时，不需要单独供给压缩空气，与检查库内供气管路连通即可。

③ "两线"为推荐的经验数字。动车运用所一般在夜间集中进行检修作业，各股道立体作业平台渡板频繁动作，多股道共用一路供气管路容易造成管路内空气压力不稳，导致渡板误动作。

④ 检查库内立体作业平台用气特点是降压后持续供气，用来保证三层平台渡板处于收起状态，而库内供气管路的用气是短时间释放吹尘，不需要降压使用。为避免吹尘时管路中气压突然下降，造成三层平台渡板因气压不足而释放，建议将立体作业平台供气管路与库内供气管路在分气缸处分开供给压缩空气。

出气口标识，出气口应标识用气设备名称。

（7）储气罐、分气缸等属于特种设备，安全阀、压力表等属于安全附件，必须按照国家和动车运用所属地质监部门相关法律法规，办理登记、注册、首检等相关手续。

6. 危废库

动车组检修过程中有各种油脂、蓄电池等危险废物产出，按照《一般工业固体废物贮存和填埋污染控制标准》（GB 18599—2020）、《危险废物贮存污染控制标准》（GB 18597—2023）相关条款要求，需建设符合要求的危废贮存库（简称危废库）。危废库前道路应与环所主干道路相连，且连接处应有足够的转弯半径。

7. 汽车库、卸污车库

动车运用所汽车库和卸污车库与常规车库相同，需要注意的是，车库采用的卷帘门应设置手动操作功能，以便在发生故障或出现供电问题时，手动开启卷帘门，确保生产用车和卸污车能够顺利出入。

8. 其他构筑物、设施

这里所提的其他构筑物，主要指一些配套设施，如自行车棚、道路等，这些设施在整个工程中并不是重点，经常被忽视，但当动车运用所开通运营后，这些设施的缺失或存在的问题，会给正常的生产秩序带来不小的影响。下面所列举的内容都是比较常见的，供读者参考。

（1）动车运用所内，应在距生产、办公用房较近的区域设置自行车棚，供职工停放自行车和电动自行车。同时，还应设置一定容量的充电电源配电箱，可供职工电动自行车充电。

（2）动车运用所内，尤其是存车场周边的环所道路与存车线、行车线间应设置隔离护栏，防止行人穿行线路。

（3）各建筑物周边化粪池应尽量远离建筑物出入口，这样既能保证出入人员安全，也能减少对周边环境影响。

（4）为便于查找、维修室外管路，如供水管、排水管、消防水管、线缆、压缩空气管路等均应设置标桩。

（5）各平过道应尽量取直、平坦，铺设橡胶轨道板区域应尽量避开钢轨接缝。

（6）存车场各存车线股道间应进行硬化或铺设方砖，以便于随车机械师进行巡视作业。

2.2 电力工程施工

在动车运用所施工中，电力工程主要体现在三方面，也就是动力用电、照明用电和生产办公用电，三者的区分方法为：动力用电是为各种检修生产中的设备设施供电，以三相交流 380 V 居多，在现场中大多使用配电柜实现电力分配；照明用电是各种照明设施使用的电源，有单相交流 220 V，也有其他低电压等级电源，在现场中多数使用开关或空气开关实现电力控制；生产办公用电是为各种生活、办公用具提供电源，如计算机、打印机、传真机、冰箱、洗衣机等用电设备，在现场中大多采用 10 A、16 A 插座来供电[①]。

本节主要从以上三类用电设备出发，分别进行梳理。按照专业分工，供电专业负责电源进线，房建专业负责墙体内部线路，用电设备则是由用户自行负责。但在实际生产生活中，很多情况下，用户的责任已经超出了自己的管辖范围，这也是从方便自身使用出发，主动承担了一部分其他专业的工作。因此，从使用角度讲，用户也应该对各种电力设施进行详细的验收。

虽然接触网供电专业与电力专业分属不同专业，但考虑到动车运用所内，车辆专业与接触网专业也存在较多结合部工作，所以本节最后纳入了少量接触网专业内容，便于车辆专业在动车运用所建设施工中加以关注。

1. 动力用电

动车运用所内配置的各项检修设备用电可以分为两大类，一类是固定设备，

---

① 文中所述分类并不绝对，比如检查库中配置的职工饮水电茶炉，由于其功率较大，且持续加热，一般建议从动力配电箱接引电源，并使用单独空开控制，加装漏电保护器。

另一类是移动设备。固定设备无论额定功率大小，均需使用动力电源供电；移动设备大多采用蓄电池作为动力源，而蓄电池充电的电源，即使是单相交流 220 V 输入电压，也应使用动力电源，而不应使用生产办公用电①。除此之外，在动车运用所建设施工中，还应关注以下内容：

（1）除了检修设备设施用电应配置动力电源外，有些功率较大的生活办公用电设备也应使用动力电源，如电动汽车充电、食堂电器灶具。还有一些小功率设备集中区域，如配置了大量计算机的职工电教室，应考虑单独配置动力电源。

（2）各建筑物内，尤其是检查库内线缆均应布设于线槽、线管等防护设施内，不能单独"飞线"，并且在线槽、线管外部显著区域涂打用途标记，每隔 5 m 左右涂打一次。线槽、线管等防护设施应牢固固定在桥架、墙体上，不得使用拉扣等方式临时固定。

（3）各种动力配电箱、设备电源箱等都是日常生产中经常用到的动力电源分配设施，由于其体积小、数量多，经常被忽视。因此，应集中时间、人力对所有配电箱、电源箱进行排查。重点排查箱内是否安装漏电保护器、是否有裸露的带电线缆头、箱内布线是否合理、箱内接线是否紧固、箱内穿线管是否进行封堵、箱内线缆直径是否与空气开关、插座、熔断器、断路器匹配，以及箱体箱门是否可靠接地、箱内各器件是否有明确标识、穿线管口是否进行去毛刺打磨防护等。

需要提醒的是，部分设备配套的服务器、网络元件集中的机房，应配备浪涌保护装置，必要时还应设置防雷接地装置，并制作接地网。

2. 照明设施

动车运用所内照明设施大体分为五类：一是屋顶和道路无定向照明；二是平台及地沟定向照明；三是办公场所照明；四是设备辅助照明；五是应急照明。

照明设施包括三部分：一是照明电源；二是照明灯具（包括灯泡）；三是

---

① 动力用电与照明、办公用电分开设置的另一个原因是，大功率动力设备启动瞬间会对供电网络造成一定的波动影响，这有可能对照明、办公设备带来损伤。

控制机构。其中，生产检修区域大都需要一个开关（空气开关）控制多盏照明灯具；办公区域大多需要一个开关控制 1～2 盏灯。因此，需要关注的内容也就明确了。

（1）照明电源部分。主要关注电源接线、电源容量等内容，还需要关注线缆布线、T 接线、灯头接线等是否符合施工规范。

（2）照明灯具部分。按照节能降耗要求，照明灯具应采用 LED 节能灯具。灯具安装位置应便于维修，尤其是检查库、踏面及受电弓检测棚等内部设置接触网的屋顶照明灯具，更应充分考虑维修条件；真空卸污泵房内屋顶照明灯具，应充分考虑现场作业面与屋顶之间的高度问题，建议安装在泵房四周的墙壁上，或真空卸污泵所在的地下区域的侧壁上。要充分考虑各种特殊环境用照明灯具，如危废间、空压机间内应使用防爆灯具。

（3）控制机构部分。主要是涉及检查库、临修及不落轮镟库等大型库房内的照明控制机构。检查库内库顶照明应采用全库集中控制或半库集中控制，也就是通过 1～2 组控制箱集中控制全库或半库照明灯，也可将多路控制箱集中在某一区域（如调度室、门卫值班室等）来实现集中操作；立体作业平台和检修地沟内的定向照明设施，应按照股道设置控制箱，将所有控制箱集中设置在特定区域。

应急照明是因正常照明的电源失效而启用的照明。应急照明不同于普通照明，包括备用照明、疏散照明、安全照明三种。应急照明的照度应达到正常照明水平的 10%左右，且不低于 10 lx。应急照明灯的电源除正常电源外，还可以由独立于正常电源的柴油发电机组或由电池柜供电，也可以使用自带电源的应急灯。在正常电源切断后，应急照明电源转换时间应不大于 5 s。需要注意的是，办公等人员聚集区域的安全出口标志灯距地高度一般为 2～2.5 m。

3. 办公用电

办公用电设置在办公室、待检室等房间内，主要由插座配电箱和插座组成。插座配电箱内应设置带过载保护、漏电保护等功能元件。一般情况下，办公区域的插座配电箱应采用墙内安装方式，并适当留有预留空气开关；插座主要为五孔 10 A 插座（室内空调采用三孔 16 A 插座）。

（1）每个房间内应设置控制本屋插座的配电箱，一定数量的房屋共用一组大容量配电箱，这样可以方便在大容量配电箱内实现负载平衡。

（2）配电箱中各空气开关、漏电保护器等元件接线应符合电气规范；各元件标识应明显；箱内配线与元件额定容量应匹配；空调插座应配有单独的空气开关；箱体箱门应牢固接地。

（3）办公区域插座不得使用地插形式；面积较大、人员较多的办公区域应多设置墙面插座。墙面插座建议采用斜五孔插座。

4. 接触网

动车运用所的检查库、踏面及受电弓检测棚和通过式洗车库内均设置接触网，因此与接触网相关的配套设施、安全防护设施等也应是车辆专业特别关注的内容。

（1）检查库内接触网接地线的接地点位置应符合接触网相关规定、规范，不得私自设置接地点。

（2）检查库终端接触网穿墙孔与库内梁架、线缆槽、消防管路等设施的安全距离应满足供电、房建专业相关规定。

（3）检查库动车组出入库大门关闭状态下，大门顶端接触网通过孔边缘与接触网线的安全距离应不小于 500 mm。

（4）检查库内安装的线缆综合支吊架与接触网带电部分的安全距离应不小于 2 m，以防止给检修支吊架的作业人员带来安全隐患。

（5）检查库各列位隔离开关远动控制功能应纳入动车运用所安全联锁监控系统中；踏面及受电弓检测线、通过式洗车线、人工洗车线的专用隔离开关不应设置远动操作功能，只设置本地电动功能和本地手动功能。同时，这些隔离开关杆应安装防护栅栏。

2.3　给排水工程施工

给排水工程包括室外给水工程、室内给水工程、排水工程。

室外给水工程又称给水工程，是为满足生产生活等用水需要而建造的工程设施。它的任务是自水源取水，并将其净化到要求的水质标准后，经输配水系统送往用水点。给水工程包括水源、取水工程、净水工程、输配工程四部分。经净水工程处理后，水源由原水变为通常所称的自来水，满足建筑物的用水要求。

室内给水工程的任务是按水量、水压供应不同类型建筑物的用水。根据建筑物内用水用途不同可分为生活给水系统、生产给水系统和消防给水系统。

排水工程是指收集和排出生活污水及生产中各种废水、多余地表水、地下水的工程。主要设施有各级排水沟道或管道及其附属建筑物，视不同的排水对象和排水要求还可增设水泵或其他提水机械、污水处理设施，以及中水回用设施等。

1. 供水管路

动车运用所中的室外供水管路由供电专业负责，对于车辆专业来说，需要关注的是供水管路路由、各建筑物周边的阀门，以及水表的位置。室内供水管路由房建专业负责，但是如果室内管路发生故障，对车辆专业的生产生活影响较大，因此车辆专业需要关注室内供水管路各级阀门。从施工角度讲，车辆专业应注重以下几方面：

（1）室外供水管路应设立标桩，标明供水管路路由；室内供水管路，尤其是长距离明装供水管路，应涂打水流流向标识。

（2）本建筑物总供水阀门及阀门井、表井的位置，本建筑物内各用水点控制阀门的位置。

（3）水表的设置应考虑三级。一级水表安装于与市政供水管路相连接处，目的是衡量动车运用所总用水量；二级水表安装于各单体建筑物每条供水管路上，目的是衡量该建筑物用水量；三级水表在有条件的情况下安装于同一建筑物内多个使用单位入户供水管上，目的是衡量各使用单位的用水量。为实现能源管控，各级水表都应具有数据远传功能。

（4）临修及不落轮镟库、踏面及受电弓检测棚是两处用水量较少，但远离生产生活集中区的用水点，因此应特别注意这两处用水点供水管路的防寒保温措施是否满足要求。

2. 消防管路

消防工程的验收是由住房和城乡建设主管部门负责，车辆专业对动车运用所检查库、宿舍、公寓等建筑物内的消防系统，应重点关注以下内容：

（1）消防泵房内各阀门的开闭状态、电控阀门控制箱内接线是否牢固、泵房内各管路水流流向标识、泵房内直通电话是否可以与中控室正常通话、泵房内地面是否涂刷防水涂料。

（2）试验检查消防水池自动补水功能是否能正常工作，检查消防水池溢流口是否接通。此外，设置在室外的消防水池还应设置管路及水池的防寒措施。

（3）室内消防管路应涂打水流流向标识。由于检查库动车组出入库门口设有接触网，所以必须重点关注出入库大门处消防管路与接触网之间的距离应大于 500 mm，且管路接口、阀门等不得设置于接触网上方。同时，还应考虑出入库门口处消防管路的防寒保温措施。

需要提醒的是，在各建筑物内敷设消防管路时，应避开其他设施，如检查库立体作业平台扶梯、检查库边跨通道门等。

3. 排水管路

动车运用所内需要排放的污水主要包括各建筑物内生活污水、动车组集便污水、检修场所生产废水、站场雨水等。其中生活污水流量较少，与建筑物内生产办公人员数量有关；动车组集便污水在动车组入库检修时集中排放，所以瞬间流量较大；检修场所产生的生产废水主要来自检查库内人工洗车作业中产生的废水；站场雨水则是存车线、各房屋汇集的雨水。

按照国家环保相关规定，生活污水经过处理后才能与生产废水混排，因此，应在施工过程中，关注各种废水排放管路的流向和路径。

除此之外，应重点关注检查库立体作业平台二、三层平台上安装的水盆位置，避免将水盆安装在作业通道上；安装在地面上的水盆不能影响作业车辆的通行；各建筑物，尤其是检查库、临修及不落轮镟库、踏面及受电弓检测棚等生产房屋，雨水管应直接接入地下雨水管路，避免采用向地面直排形式。

4. 集便卸污设备设施

动车组集便卸污作业是动车组检修整备作业中的重要内容，包括检查库内使用固定式卸污设备作业和存车场内使用移动卸污车作业两种形式。由于室外固定卸污设备安装需要加大线路间距，减少存车数量，降低存车能力，而且冬季卸污管路容易发生冻堵故障，维修难度大，不宜在存车线上设置固定卸污设备。

（1）在初步设计阶段，已经确定了固定式真空卸污设备型式（建议采用在线凸轮泵式真空卸污泵），在施工阶段需要关注的是真空泵房内设备及相关配套设施的安装。首先，真空泵房内应配备 1 t 以上单梁起重机，还要配备给排水设施，这些都是真空卸污设备正常运转所必需的。

（2）通常情况下，真空卸污泵房会被规划在检查库边跨中，也可以将真空泵房单独建设。无论哪种方式，由于检查库内卸污单元分散布置，所以真空管路必须设置必要的坡度，这就造成真空泵房内真空卸污机组安装平面应在轨面以下 4 m 左右高度①，所以真空卸污机组在安装、维修时，均在 4 m 深的"坑"内进行，因此"坑"四周应设置防护栅栏。由于真空泵房地面比检查库内排污管道低很多，因此真空泵房内必须设置集水井，同时配置自动集排设施，确保卸污管道、泵房内积水能够自动排出。

（3）真空卸污机组在使用过程中经常发生堵塞，维修时也需要将真空泵解体，导致很多污物散落地面。为减少维修对泵房地面的污染，泵房地面应采取防渗漏措施，并在混凝土地面上涂刷易于清理冲洗的涂层。

（4）真空卸污泵房地面比检查库外地面低 3 m 左右，所以真空机组连接库外排污口时，需要将管路提升，而提升部分管路必须增设止回阀，要求每套真空机组输出管路上都必须安装止回阀。

（5）检查库边跨内的真空泵房屋顶高度与局部二层区域的屋顶高度相同，

---

① 一般情况下，检查库内大部分区域的地面标高为轨面以下 0.95 m，边跨部分房屋地面与检查库地面齐平，部分房屋地面标高为轨面以下 0.45 m。

一般为轨面以上 9 m 左右，真空泵房内部的相对高度达到 13 m 左右，因此应将屋顶照明设施安装在房屋侧壁上或真空机组基坑四壁上。另外，虽然真空卸污系统是密闭系统，但进行卸污作业时，真空泵房内气味仍然难闻，应在真空泵房面向库外的墙壁上增设大功率的轴流风机，加速室内外空气流动。

（6）检查库内轨道间的真空卸污单元均为下沉式，在施工过程中，应确保卸污单元安装好后，还至少留有 1 人进入基坑的检修空间，保障卸污单元维修作业条件。设置在室外的卸污单元多为地上式，因此必须为卸污管路进行防寒保温处理。

（7）按照《铁路站段真空卸污系统》（Q/CR52—2017）要求，真空管路累计提升高度不宜大于 2 m。这项要求在动车运用所大都能满足，但在某些大型车站中会忽视该设计要求，因此在车站真空卸污系统验收中应特别注意。

（8）一般情况下，真空卸污系统管路是随着其他房建工程同步建设的，难免会有石块、金属物等落入未完成封闭的管路中，因此在安装真空卸污机组前，应在管路汇集口处设置空洞较小的防护格栅，待运行一段时间后，清理掉石块等垃圾，再更换空洞较大的防护格栅，或取消格栅。

（9）集便污水使用的化粪池容积较大，占地面积也较大，为防止意外发生，应对化粪池区域周边地面进行硬化，设置明显标识，划清界线。铺设硬化地面的另一个目的是，确保移动卸污车向化粪池排放，而且化粪池清掏时，作业车辆可以方便靠近化粪池。有条件时，还应在化粪池附近设置水源，用来冲洗地面。

（10）化粪池为半封闭结构，应设置排气管，并设置明显的防火标识。

（11）车站真空卸污作业使用的设备均为固定式真空卸污设备，真空泵房、真空管路、卸污单元等施工可以参考动车运用所内设备设施建设施工；异地存车场卸污作业，建议采用移动卸污车，只需要建设移动卸污车库一座，保障移动卸污车存放即可。

5. 市政接口

与市政给排水的接口有两种：一种是给水接口，另一种是排水接口。对于给水接口，应关注接口阀门、水表等配套设施的位置及周边防护措施（管井、阀井、表井等），还应关注管路路由、分支等。

按照《中华人民共和国环境保护法》规定，无论是否经过达标处理，污水排放必须经过当地环保部门许可。因此，在动车运用所开通运行前，最好在联调联试前办理好排污许可证。

一般情况下，动车运用所内存在多家运营站段，而并入市政污水管网的污水排放口只有一处。因此，在并入市政污水管网前，各处污水管路必须分别设置取样井，便于排查超标污水。另外，车辆专业应保存动车运用所内各单位的污水管线图纸。

2.4 通信信息工程施工

动车运用所内涉及车辆专业的通信信息工程施工内容主要集中在检查库边跨内的信息机房，以及各建筑物内的网络覆盖、办公电话覆盖等。按照设计单位的分工，除信息机房、信息通道、办公电话外，安防工程，如安检查危、门禁识别、周界报警等内容也可能纳入信息专业。

1. 信息机房

信息机房必须设置于检查库边跨中，便于汇集各种数据。一般情况下，信息机房与通信机房相邻设置，也可设置于通信机房楼上，如此规划便于各种数据、信息的联网与汇集。

（1）信息机房内应采用防静电地板；按照信息机房落尘量要求，防静电地板下的地面应涂刷防尘固化涂料，同时加强门窗密封性能。

（2）信息机房内不应设置通风、采暖设施；应使用机房专用工业空调。有条件的情况下，信息机房内应配置两台机房专用工业空调，空调电源应采用电容量匹配的空气开关，不得使用插头、插座连接。

（3）信息机房内应设置防雷设施、防浪涌保护装置，同时防静电地板地脚均应采用屏蔽保护线连接，并纳入房屋综合接地系统中。

（4）信息机房防静电地板下的布线，应布设在线槽中，禁止随意布线；电源线与网络线不能布设在同一线槽内。

2. 信息通道

信息通道指的是信息传输线缆及相关配套设施。信息机房与通信机房之间、信息机房与其他生产办公房屋之间的线缆均应布设在线槽、线管内。截面积较大的线槽在穿过墙体、楼层板时，应采取防火、防鼠封堵措施。

在当前信息化大环境下，动车组检修设备设施，以及生产生活中使用到的设备设施，都有网络化需求。因此，踏面及受电弓检测棚、临修及不落轮镟库、洗车库、独立的真空卸污泵房、独立的空压机间、独立的材料库，以及食堂、浴室、宿舍等建筑物内均需要布设网络设备，并与检查库信息机房相连通。除此之外，各建筑物中设立的水表、电表也都具备数据远传功能，在布设网络时应加以关注。

无线网络覆盖是智能化设备最强烈的需求，但在日益加强的网络安全管理中，无线网络又是重点监管对象，因此无线网络的设置和使用必须经过相关部门审核批准。

检查库内网络线缆一般设置在综合支吊架上的线管、线槽内，因此应在线槽外明显位置，每间隔 5 m 涂打线缆标识及去向。

3. 消防控制室

消防控制室的施工，必须满足消防法规相关规定，并通过消防专业验收检查。除此之外，消防控制室内还应配置办公网络、办公电话、与动车运用所调度室的直通电话等。

4. 入所门卫值班室及入库门厅值班室

动车运用所是重要的生产场所，检查库更是动车运用所的核心区域，因此动车运用所入所门卫值守房屋以及入检查库门厅值班室内均应布设办公电话、信息网络，满足入所、入库人员登记、安检条件。

5. 生产通信

动车运用所内作业人员之间通常使用手持式对讲机进行沟通，但由于动车运用所内的特殊工况，如检查库内金属梁架结构的库房、存车场长距离平行架设的接触网、大量动车组近距离停放，以及动车组内部高压、高频设备运转，等等，使手持式对讲机的覆盖范围受到较大影响，通话质量大大降低。建议在检查库调度室内配置大功率固定电台，在存车场附近架设中继天线，采取诸如此类的措施，确保动车运用所内通信正常。

2.5 暖通工程施工

暖通工程主要包括采暖、通风和空气调节三个方面。动车运用所建设中的检查库主库、临修及不落轮镟库等大型库房的冬季采暖、夏季降温及日常通风是最难解决的问题，设计部门一直没能设计出较好的解决方案[①]。

1. 采暖工程

采暖工程主要分为热源、输送管道和散热器材三部分，其中动车运用所内热源主要有两种形式，一是市政热源，另一种是自建热源，如锅炉房。

动车运用所部分库房分散设置，需要市政热源提供多个接取点，而且当动车运用所距离市政供暖管路较远时，需要在动车运用所占地红线以外铺设大量供暖管路，会增大动车运用所建设静态投资。自建锅炉房可以有效降低铺设接引管路的投资，但对于运营后的动车运用所来说，也会增加燃气购置、锅炉等特种设备设施维护成本，应充分比选两种形式的热源。

对于车辆专业单位来说，接收动车运用所时，热源形式就已经确定了。从设备管理、运维角度讲，市政采暖管路引入，配合换热站的市政热源供暖方式是最为简单的。在自建热源方式中，采用燃气锅炉方式带来的主要工作就是特

---

① 在检查库库顶增加光伏发电板，既可以节省电能，又可以增加屋顶隔热效果，但增加屋顶梁架的载荷也将带来投资的增加。

种设备的管理和运维；采用地源热泵或空气源热泵方式，带来的主要工作则是设备的运维和养护。应尽可能在初步设计阶段与设计单位充分沟通，明确热源方式，建议首选市政热源。热源确定后，热源设备的安装、验收则是按照国家相关行业标准和设备技术规格书等进行验收即可，对于供暖管路的施工和验收，则应按照隐蔽工程要求，从管沟、管路、接头、管井、保温等方面，从管沟开挖时就要与施工单位充分沟通，必要时还要与设计单位和监理单位联系。隐蔽工程一旦施工完毕，再次开挖将会带来较大的工作量，因此应在施工过程中尽可能减少问题的发生。

作为房屋的使用单位，尤其是检查库、临修及不落轮镟库等主要生产场所，车辆专业单位应重点关注采暖器材的位置是否与生产作业环节存在相互影响，比如散热片是否遮挡低位配电箱、散热片安装位置是否与立体作业平台扶梯冲突、排气阀出口正下方是否设置了其他设备设施、管路阀门是否处于可操作位置等。除此之外，对于采暖器材的安装有以下建议：

（1）检查库主库动车组频繁进出，线路基础、房屋基础等均存在不同程度的沉降，因此应避免采用地暖形式，而是采用散热片形式。

（2）检查库主库轴线长 468 m，无论是"先进后出"的尽头式主库还是双进双出的贯通式主库，动车组出入库时，库门处于开放状态。进入冬季，尤其是夜间，主库内的环境温度迅速下降，为保持温度适宜工作，主库内应尽量增多散热片组数。

（3）检查库主库两端横跨在大门上方的管路应设置保温层，避免冬季大门开放时冻裂管路。需要特别注意的是，横跨大门时，尤其是接触网线穿过的大门，暖气管路不得设置接头、阀门等，防止漏水后造成事故。同时，管路支架与接触网的距离应尽可能大于安全限界。

（4）临修及不落轮镟库较检查库主库轴线长度短很多，库内面积也较检查库主库小很多，但是在临修及不落轮镟修库作业时，动车组处于长时间"穿库"停放状态，库两端大门处于完全开放状态，库内温度很难维持。因此临修及不落轮镟库内应采取供暖设施，尤其是两端库门上方的采暖管路，应特别注意防寒。

（5）冬季温度过低时，不落轮镟床配套的液压站应随时开启电伴热状态，确保设备运转时能够及时提供所需压力。但是，作业完毕后应及时关闭电源，是集团公司基于设备用电安全、消防安全、节能等各方面考虑，总结出的规定。因此，不落轮镟床基坑应设置保温棚，同时基坑内应设置暖气散热片，确保冬季基坑内的环境温度，减少提前预热需求的时间[1]。

2. 通风工程

动车运用所建设中涉及通风工程的主要项目，也是难点项目。一般检查库主库轴线长度为 468 m，目前单跨规模最大的 6 线主库[2]，轴线宽度大约 60 m，高度一般在 9.6～13.8 m，在主库内形成狭长的"通道"。主库内动车组、各项设备均会产生热量，其采光轻质屋顶更使库内形成大型"温室"。如此一来，夏季主库内环境温度比室外更高，让人体感更加闷热。检查库主库内起到通风作用的设施有主库两端大门、边跨消防通道，以及库顶的通风窗。另外，主库顶部设置的消防排烟窗也可以起到通风作用。尽管如此，主库夏季通风降温问题仍旧无法有效解决。

（1）检修库、临修及不落轮镟库内高处通风窗、排烟窗开启方向应确保雨水不能进入库内。

（2）检修库、临修及不落轮镟库内高处通风窗开闭驱动电机应采用集中控制；兼作通风窗的排烟窗控制端应设置在消防控制室内。

（3）除检修库、临修及不落轮镟库需要通风外，当库内设置综合管沟时，管沟内也需要增设强对流通风设施，为综合管沟的检修提供条件。

当前，有些已经投入运行的动车运用所检查库内增设了大型工业厂房专用吊扇，其目的并不是直接降温，而是通过吊扇的缓慢转动，使检查库内的空气产生扰动，从而提升库内作业人员的体感舒适度。如需增加此类吊扇，应充分论证屋顶梁架的载荷能力、与接触网的距离、梁架间的空间等安装条件，以及

---

① 不落轮镟床基坑内增设暖气散热片的方法，不能代替液压站预热功能，只是减少预热时间。

② 目前路内动车运用所检查库单跨多为 2 线、4 线、6 线。8 线检查库设计成两跨（每跨 4 线）；10 线检查库设计成两跨（4+6 线）或三跨（2+4+4 线）；12 线检查库则设计成三跨（每跨 4 线）。跨与跨之间不设隔离措施，只设置共用支柱。

安装大型吊扇后带来的维护、检修和登高作业等运维工作量，不可盲目增设。

3. 空气调节工程

空气调节的主要设备就是空调设备。动车运用所各库房空间不适宜设置空调设备，一般只是在动车组出入库门处配置电动风幕（有些动车运用所配置带水暖功能的风幕），以隔绝库内外热量交换，在检查库主库库顶还会设置带水暖的轴流风机，这些设施在使用时噪声较大，且效果不佳，大多数情况下使用率较低，因此检修库、临修及不落轮镟库内的空气调节问题仍是一个难题。

检查库边跨、临修及不落轮镟库内班组用房（房中房或边跨）等房屋均为常规房屋，应根据房屋面积采用分体壁挂空调或分体柜式空调，面积过大的房屋，如调度室等，可增加分体柜式空调的数量。使用分体空调的优点，一是便于实现节能管控，二是运营维护成本低。除此之外，在动车运用所施工过程中，还应注意以下方面：

（1）检查库边跨一层多数房屋地面标高为轨面以下 0.95 m，加上室外房屋散水坡，高度差可能超过 1 m，这就造成部分配置分体柜机空调的房屋内空调冷凝水无法外排。对于常规地面的房屋，可以自行准备容器，但有些特殊地面，比如有防静电地板的无人值守机房等，必然会造成积水。因此，应在配置分体柜机的房屋内解决冷凝水排放问题。比较简单易行的方法是为此类房屋配备柜机专用平台，将柜机垫高，这个方法对于降低室内温度也有帮助，但空调柜机垫高也存在一定的安全隐患。

（2）检查库、踏面及受电弓检测棚边跨的各种机房内应配置机房专用空调，并取消采暖设施。当踏面及受电弓检测棚边跨设置耦合水池时，耦合水池所在房间内应设置采暖设施，并考虑排水设施。

（3）踏面及受电弓检测棚地处出入所咽喉处，因此轨边机房内使用的空调室外机应牢固安装在远离轨道线路的一侧，避免侵限风险，也为后续维护维修提供便利条件。

2.6 站场线路工程施工

在动车运用所设计中，站场、线路专业都是主要专业，其施工也纳入站前工程。从车辆专业使用角度讲，则更关注站场和线路日常的管理和使用，更多的则是从安全管理的角度排查施工过程中可能会带来的隐患。

1. 平过道

动车运用所内的平过道一般有五处：第一处是踏面及受电弓检测棚两端；第二和第三处分别位于存车场两端岔区之间[①]；第四、第五处分别是位于检查库前、临修及不落轮镟库两端。其中第二、三、四、五处是人员使用率最高的平过道，也是动车组过车率最高的。因此这四处平过道两端一定要设置鼠笼式栅栏门或道口杆。有条件的情况下，在踏面及受电弓检测棚两端的平过道也设置栅栏门。

另外，存车场、检查库前、临修及不落轮镟库前平过道明显位置处应设立"一站、二看、三确认、四通过""电气化区段"等警示标识。有条件的情况下，可以在平过道外侧安装采用太阳能和蓄电池供电的自动声光提示器。

2. 线路防护栅栏

大部分动车运用所存车场与环所道路直接相邻，为了防止人员横穿线路、机动车闯入线路，必须在最外侧轨道线路与环所道路之间设置防护栅栏，并与各平过道鼠笼式栅栏相连。存车场内各线束存车线间的消防道路与相邻轨道线路之间不能设置栅栏，该消防道路还兼作卸污车行驶道路。

3. 库前硬化面

为了使动车组在进入检查库、临修及不落轮镟库之前，将至少一节车厢调整至正对出入库大门，检查库出入库端、临修及不落轮镟库两端 25 m 内线路均要求为直线段，因此库前直线段线路区域应采用整体硬化路面的形式，不能

[①] 对于一级场布置的存车场，则只有一处平过道。

采用预制水泥板的形式①。

4. 所内道路

动车运用所内道路施工一般在动车运用所整体建设施工接近尾声时开始，沿线线缆沟、接触网立柱、电杆拉线等与所内道路冲突的现象时有发生，而线缆沟、接触网立柱、电杆拉线等设施施工完毕后不能拆改，这就造成所内道路实用性大大降低，也严重影响动车运用所内的整体美观效果。因此动车运用所内的道路应提前规划线界。除此之外，还应关注以下方面：

（1）所内主干路宽度至少 7 m，狭窄区段应考虑会车避让点。

（2）所内道路路面应设置坡度，两侧应设置带排水孔的路沿石，使路面雨水可以顺利排入排水沟内。

（3）所内道路路面应避免设置井盖，确实无法避开时，应采用承重井盖，而且井盖高度应与路面齐平或稍低，确保大部件运输车辆能够安全通过。

（4）所内道路应与各单体建筑物，如卸污车库、空压机间等直接相连。如果道路两侧有线缆沟或排水沟，则应采取局部暗管的形式过渡。

（5）存车场各线束存车线间的消防道路与平过道相连处应采用 45°角连接，应避免直角形式，以确保消防车、移动卸污车能够顺利转弯。

---

① 曾经发生过多起预制板翘起、磕碰动车组车下设备的事故，而且检查库、临修及不落轮镟库前经常会有大型车辆出入，轧翻、压坏预制板的情况屡见不鲜。

第 3 章

检修设备设施

动车组运用检修设备按走行方式可以分为三大类：第一类是移动设备，如空心轴探伤机、上砂小车等；第二类是固定设备，即需要在固定的基础上进行安装的设备，如不落轮镟床、转向架更换设备、立体作业平台等；第三类是安装在固定轨道上，在有限空间内移动的设备，如移动式轮辐轮辋探伤机、立体仓库堆垛机、桥式起重机等。

3.1 设备设施基础

本节主要汇总梳理部分需要安装基础的设备对于基础施工的需求。动车运用所中需要安装基础的设备主要有车轮故障在线检测系统、受电弓及车顶状态检测系统、不落轮镟床、转向架更换设备、动车组外皮清洗机、立体作业平台、移动式轮辐轮辋探伤机、立体仓库堆垛机、真空卸污机组、桥式起重机等设备。其中不落轮镟床、转向架更换设备、动车组外皮清洗机和立体作业平台的安装对基础及配套设施的要求较多，其他设备则是以棚、房屋为基础进行安装。下面重点介绍不落轮镟床、转向架更换设备及立体作业平台。

1. 不落轮镟床

不落轮镟床是动车运用所中唯一一种安装在轨道下方，同时又以自身部件作为轨道一部分的设备，也就是说动车组轮对镟修作业流程中，动车组将在不落轮镟床上直接通过，并且不落轮镟床本身可以承受一台转向架（两根轴重）的重量，这就要求不落轮镟床本身的基础必须坚实。除此之外，还需要动力、照明、给排水、通信等各方面的配套。

（1）不落轮镟床基础坑深 2.5 m 左右，因此基坑外围地面需设置护栏，材质应为不锈钢材质。设备安装完毕后，应在设备周边位置加装保温罩，确保基坑温度适合人员作业及设备运转，保温罩应能承载 1 名 100 kg 的人员误走进基坑范围。

（2）不落轮镟床基础坑内要设有集水井和排水设施，排水管径不小于 50 mm，排污管需加装单向阀；不落轮镟床所在线路轨道槽内应设置挡水措施，避免雨水沿轨道槽流入基坑内。

（3）不落轮镟床基坑内应设置空调冷凝水排水管，可将冷凝水引入集水井中；空调室外机应安装在库外，需预埋墙外挂机空调管（直径 150 mm 的 PVC 管）至内墙根，呈 L 状，基坑内预埋管中心标高为 –300 mm，要注意使预埋管向墙外顺坡，防止冷凝水倒流。

（4）不落轮镟床基础坑内设有位于输送沟内的铁屑传送机构，作业人员经常在输送沟盖板上行走，因此，该沟盖板应能承受至少 2 名体重不低于 100 kg 的作业人员同时踩踏，且输送沟沿应使用角铁进行防护，防止混凝土沟沿破损后，沟盖板掉落。

（5）不落轮镟床主电缆线为三相五线制，单轴不落轮镟床主电缆三根相线截面积为 95 mm^2，零线和地线截面积分别为 50 mm^2；双轴不落轮镟床主电缆三根相线截面积为 150 mm^2，零线和地线截面积分别为 70 mm^2。

（6）不落轮镟床基础坑内应配备内装 AC 380 V/32 A 三相空气开关及漏电保护器、AC 220 V/20 A 和 16 A 单相空气开关及二孔、三孔轨道插座的配电箱，空调电源线应采用空气开关；排水用潜水泵控制箱应具有手动、自动两种控制模式。

（7）不落轮镟床基础坑内的照度要达到 200 lx 以上。

（8）不落轮镟床基础坑内应配置不少于 16 口的交换机，并与动车运用所内办公网络连通。以双轴不落轮镟床为例，需要联网的设备至少有：视频监控摄像头 6 组（操作位 2 组、卡具位 4 组）、镟修数据打印机 2 台、镟轮作业工位机 1 台、不落轮镟床操作工控机 2 台。

（9）有条件的情况下，将气源引到不落轮镟床基础坑内，以便维护设备时使用，气压为 0.5～0.8 MPa。

（10）不落轮镟床排屑装置出口位置及朝向，需事先与设计单位和设备生产厂家沟通。

（11）不落轮镟床基础坑内墙面、地面的装修，应采用耐磨、防滑材料。采用油漆、自流平等涂料时，应在设备安装前完成；采用墙砖、地砖等材料时，应在设备安装后完成。双轴不落轮镟床中的一台不落轮镟床可以沿轨道方向移动（适应不同轴距的转向架），因此可移动设备下方的轨道、地面应进行特殊硬化处理。

2. 转向架更换设备

转向架更换设备安装在临修及不落轮镟库中，位于临修线上。该设备的功能是辅助动车组大部件更换作业，可支起车身，辅助转向架等大部件与车身分离，并横移出临修线。

（1）转向架更换设备横移机构和部分升降机构位于基础坑内，因此基础坑内应设置集水井和排水设施，排水管管径不小于 50 mm，排污管需加装单向阀。

（2）转向架更换设备主电缆线采用三相五线制，三根相线的截面积不低于 16 mm²，零线和地线截面积分别不低于 10 mm² 和 6 mm²。

（3）转向架更换设备基础坑内应设置照明设施，照度应达到 200 lx 以上。

（4）转向架更换设备所在的临修线与转向架、轮对缓存线之间的线间距不应小于 4.6 m。

（5）转向架更换设备基础坑内应配置不少于 8 口的交换机，并与动车运用所内办公网络连通。需要联网的设备至少有：视频监控摄像头 3 组（操作位 1 组、举升位 2 组）、数据打印机 1 台、临修作业工位机 1 台、设备操作工控机 1 台。

（6）转向架更换设备轮对缓存线基础坑内墙面应采用油漆等涂料涂抹；基

坑内应设置扶梯或台阶。

3. 立体作业平台

检查库内立体作业平台采用贯通的二、三层金属框架结构，模块化安装，由平台悬吊支撑架、二层平台、三层平台及翻板、悬吊防护网及其翻板、扶梯、可自动回弹关闭的安全门，以及风动电气控制系统等组成。

（1）多数动车运用所检查库内均采用图 1-5（b）形式配置立体作业平台，其靠墙两侧平台结构型式为悬吊式安装，每根平台悬吊杆与房架安装节点应采用 8.8 级高强螺栓连接，靠库边墙柱一侧的悬吊杆与库房立柱用横梁刚性连接，形成稳定的框架结构。

（2）平台悬吊杆及支撑架设置与厂房柱距相同，均为 9 m。检查库主库伸缩缝处立体作业平台应设置双平台悬吊支撑架。

（3）检查库内每股道风管路两端均应设置外接移动空压机接口，并配置阀门。当压缩空气主管路发生故障时，可以临时接引移动空压机，确保渡板正常动作。

（4）立体作业平台上主风管路应采用局部软连接的镀锌管路，确保季节更替时管路能够有涨缩余量。

🚂 3.2　设备设施验收、交接

按照《关于明确动车组运用检修设施及设备配置标准》（铁总运〔2015〕185 号）规定，动车运用所中使用的主要动车组运用检修设备共有 49 种，其中部分设备是根据配属动车组车型进行配置。本节重点对较为关键的车轮故障在线检测系统、受电弓及车顶状态检测系统、不落轮镟床、转向架更换设备、动车组外皮清洗机、安全联锁监控系统、立体作业平台、移动式轮辐轮辋探伤机、移动式空心轴探伤机、立体仓库、真空卸污系统，以及空压机、储气罐、分气缸等设备的验收项点进行梳理。

设备设施交验原则：交验过程中存在不影响设备使用的质量问题时，由交验各方共同签署备忘录，并在约定整改期限后可以先行交接，待整改完毕再进行复验，复验记录与验收记录、交接记录、备忘录应同时存档。交验过程中存在影响设备使用的质量问题时，由交验各方商定整改期限，另行组织交验。

1. 车轮故障在线检测系统

车轮故障在线检测系统是由擦伤检测模块、轮对外形尺寸检测模块、在线探伤模块及机房控制系统组成。静态验收时重点关注的项目如下：

（1）擦伤杆与车轮接触部位应无磕碰、变形、腐蚀等情况；擦伤杆本体与钢轨高差、间隙尺寸及弹性指标在符合技术条件的前提下，满足出厂标准。

（2）弹性系统及其安装部位螺栓紧固到位，无松动。涉及有槽型螺母紧固的开口销应开劈到位、无晃动，弹性部件液压阻尼器无漏油等弹性失效情况。

（3）车轮尺寸传感器静态位置及动态（检测开盖后）尺寸不得侵入机车车辆限界。传感器与道床安装牢靠，紧固部件防松标记涂打清晰。

（4）探伤检测模块内钢轨与道床紧固到位，化学锚栓排列呈标准直线，各紧固螺母、压板紧固到位，防水帽安装牢固、无缺失。钢轨之间盖板锁紧机构牢靠，无翘起、剐蹭隐患。各超声探头弹性良好、无缺失。耦合水喷洒管压力、方向调整良好，无堵塞情况。

（5）耦合蓄水池需要注水测试，确保无渗水等情况。蓄水池内各液位、温度传感器及水泵系统性能良好，逻辑正确。控制配电柜接地可靠，且柜体防水。配电柜内无杂物，布线整齐。接线端子连接牢靠，无松动、烧结等情况。回水系统基础开槽功能良好，无偏流、溢出情况，回水系统过滤功能良好。

（6）车轮故障在线检测系统须符合标定校验要求，该系统标定校验一般通过各型样板轮进行，静态验收时报告齐全。

（7）设备所有线束编号清晰，捆扎牢靠到位，布线合理。线束保护外皮无破损，无屏蔽线外露等情况。所有轨旁传感器线束（电力线、信号线）进入机房前应做好防护，线槽封堵到位且无线槽盖板松脱隐患。

（8）因各地设备安装条件限制，部分设备配件安装在电务轨道电路短接线范围以外，这些设备所有与钢轨连接部位要确保绝缘防护牢靠，绝缘材质耐压等级符合相关规范,防止异常接地或钢轨之间短接引起的"红光带"问题、接触网电流回流冲击问题。

(9)机房内整体环境整齐,温度控制良好。机房内线束进入部位做好防护,防止鼠患。各工控机机柜散热部件工作正常,机柜内布线合理,各工控机外壳接地牢靠,机房整体接地系统对地电阻原则上不超过 4 Ω。各控制柜内电源安装牢固,负载不超出厂额定限制。

静态验收完毕后,组织进行动车组实车验证,主要实验项目有:确定各检测提示标位置,如检测区速度提示标及检测结束标等。验证各擦伤模组、外形尺寸模块及探伤模块功能,以上检测可结合动车组一级检修作业、镟轮、轮辐轮辋探伤工作做进一步复核验证。验证各工控机检测程序功能及稳定性。验证车轮故障在线检测系统被检测车辆通过时的平稳性及通过性。

2. 受电弓及车顶状态检测系统

受电弓及车顶状态检测系统由受电弓滑板磨耗中心线检测子系统、受电弓接触位压力检测子系统、车顶状态检测子系统及机房控制系统组成。静态验收时重点关注的项目如下:

(1)受电弓滑板磨耗中心线检测子系统及车顶状态检测系统包括中心线检测相机、磨耗检测相机及检测摄像头。相机安装支架各紧固件固定情况良好,不受震动影响而出现异常晃动,防松标记涂打清晰。相机镜头没有划痕、腐蚀等情况。各相机、摄像头画面清晰,无异物遮挡。

(2)受电弓接触位压力检测子系统安装尺寸在符合相关技术条件的前提下,满足出厂标准。传感器支架总成整体稳定,各安装螺栓连接部位紧固良好,防松标记涂打清晰,焊接部位良好。接触网线缆安装符合相关标准,绝缘子等重点部位无油渍、尘土等情况,绝缘子无裂纹、烧结等情况。耐压等级符合相关规范。

(3)中心线及磨耗尺寸监控相机须符合该类检测设备标定校验要求,标定校验一般通过标定板进行,静态验收时报告齐全。

(4)受电弓检测系统扶梯、平台各紧固件安装牢靠,无明显晃动,且整体结构与诊断棚（库）墙体连接部位螺栓及焊接部位安装牢靠。检测系统内所有部件须符合建筑限界相关标准，确保不与通过车辆发生剐蹭、磕碰。扶梯入口处必须设置可靠的防护门，防护门应锁闭功能良好。

（5）设备所有线束编号清晰，捆扎牢靠到位，布线合理。线束保护外皮无破损及屏蔽线外露等情况。所有轨旁传感器线束（电力线、信号线）进入机房前应做好防护，线槽封堵到位且无线槽盖板松脱隐患。

静态验收完毕后，组织进行动车组实车验证[①]，主要实验项目有：确定各检测提示标位置，如检测区速度提示标及检测结束标等（与车轮故障检测系统相同）。验证受电弓碳滑板磨耗及压力时可结合动车组一级检修相关作业做进一步复核验证。验证各工控机检测程序功能及稳定性。验证受电弓及车顶状态检测系统车辆通过时的通过性。

3. 不落轮镟床

不落轮镟床设备属精密加工类设备，主要包括机械系统、液压传动系统、电气系统、联锁系统、操作系统及外观漆饰等。静态验收时重点关注的项目如下：

（1）不落轮镟床的各急停按钮、各类机械按钮回弹正常，按键指示灯良好。测量头动作灵活，行程符合出厂标准。刀架、测量装置、顶镐摆架总成的 X、Y 轴线运动牵引丝杠运动灵活，保护卷簧平整、无变形异音。轴端卡具轨道无磕碰变形，遥控器操作灵活可靠。卡具安装操作平台、扶梯安装紧固，焊接情况良好。根据需求配置相应的卡具。设备各盖板柜门紧固良好，锁闭功能正常。伸缩轨道动作速度基本一致[②]，无异音异响，动作到位后钢轨贯通性良好。

（2）驱动轮、测量轮外观情况良好，无变形、烧结情况，轴承转动无异音。

（3）排烟系统风泵电机铭牌标志显著、清晰。管路捆扎到位，与各运动部件不发生冲突。烟尘抽吸功能良好。排屑器链板动作无卡滞、无变形，电机、减速机、链条无异响，润滑到位；水平排屑器盖板及提升排屑器槽道安装紧固、

---

① 可以与车轮故障在线检测系统同时进行实车验证。

② 冬季环境温度过低，致使液压站内液压油流动性下降，有可能造成活动导轨伸缩速度不一致，随着开机时间的延长，液压站内油温上升，活动导轨动作会逐渐匹配。

无变形，铁屑传送无大量、明显掉落。

（4）液压站外壳、电机、油箱外观状态良好，电机铭牌清晰，油量充足，油窗清晰且安装正确。各类电磁阀外观情况良好、无烧结，空载、负载运行状态正常。空载试验后的液压站管路无"跑、冒、滴、漏"现象，液压表经过计量检定合格。滤芯及加热工作状态良好。设备上液压管路与各运动部位无剐蹭、磕碰情况。

（5）设备各传感器工作状态指示灯正常，传感器安装紧固到位、无晃动，传感器接线情况良好、无松动。设备的控制柜、电力柜内线号清晰，接线稳固，各电气部件（继电器、接触器、可编程控制器、开关电源等）无松动、烧结现象，布线规范。高压线缆端子之间绝缘防护到位。各配电柜通风降温部件运转正常。设备内各线缆布置紧固到位，与各运动部位无剐蹭、磕碰、破皮现象。

（6）设备上电后各联锁关系正常，视窗安全锁、卡具安装操作平台遮蔽门安全锁、设备塔状警示灯及伸缩轨道之间联锁关系符合相关联锁逻辑。

（7）设备人机操作界面显示及操作面板按键状态良好，操作系统运行流畅稳定，操作系统内输出的表单符合相关台账规定。打印机与操作工控机连接情况良好，打印机工作状态良好。

（8）不落轮镟床设备须符合该类设备标定校验要求，标定校验一般通过标准轮进行，测试通过后对试验轮进行试切，确保测量、加工状态良好，静态验收时报告齐全。

（9）设备整体漆饰情况良好。

（10）设备固定轨道与临修及不落轮镟库内镟修线轨道伸缩缝满足线路基本要求，两组设备轨道分别与线路钢轨短接。

静态验收完毕后，组织进行动车组实车验证，主要实验项目有：确定设备各动作部件与各车型动车组位置关系，实车停放到位，验证设备联锁关系、加工质量，验证设备的通过性以及多次加工性能的稳定性。

4. 转向架更换设备

转向架更换设备主要包括机械系统、液压传动系统、电气系统、操作系统、外观漆饰等。静态验收时重点关注的项目如下：

（1）设备龙门架、托架各部件外观状态良好、无磕碰，焊接部位状态良好。固定螺栓紧固到位、弹垫压实，防松标记涂打清晰。托架移动灵活，托架驱动电机运行无异音。龙门架活动部件直线导轨润滑情况良好。托架与人员作业区域交叉部位防撞橡胶牢固、设置合理。

（2）升降轨道立柱升降试验时无剐蹭、无异音。钢轨固定情况良好，螺栓紧固部位防松标记涂打清晰。钢轨采用标准轨，外观状态良好，探伤报告齐全。

（3）平移辅轨外观状态良好，轨道槽内无杂物，平移辅轨固定螺栓紧固到位，直线度良好。平移滑块在辅轨内运转过程中无异音、卡滞情况。

（4）设备整体盖板厚度可靠，紧固到位，无松动、翘起情况。设备围栏根据现场基础情况布局合理，安装牢固，可有效防止人员异常侵限或坠落。地沟盖板开启方便，进入检查坑的爬梯牢固。

（5）地坑内钢丝绳润滑到位，无异常磨损点，无断股、毛刺现象。钢丝绳末端固定压板螺栓齐全，紧固到位。钢丝绳绳套部位卡扣固定，符合有关国标。平移链条张紧度符合出厂标准，润滑情况良好。地坑内设备主体结构外观良好，无磕碰、变形，各活动部位直线导轨无明显磕碰、变形情况，各类限位开关、传感器安装座紧固牢靠。润滑系统油泵状态良好，油量充足；润滑导管末端位置合理，管路布局合理，固定到位。主液压缸安装坑内没有液压油，坑内液压管路固定牢靠，空载试验后无泄漏。防洪排水设施运转正常。

（6）液压站外壳、电机、油箱外观状态良好，电机铭牌清晰，油量充足，油窗清晰，安装正确。各类电磁阀外观情况良好、无烧结，空载、负载运行状态正常。空载试验后的液压站管路无"跑、冒、滴、漏"情况，液压表经过计量检定合格。滤芯工作状态良好。

（7）操作系统界面运行流畅，各部位组态界面操控显示同步，各部位遥控装置实际状态与组态状态吻合，动作良好，各急停按钮灵敏可靠。

（8）设备的控制柜、电力柜内线号清晰，接线稳固，各电气部件（继电器、接触器、可编程控制器、开关电源等）无松动、烧结情况，布线规范。线缆端子之间绝缘防护到位。各配电柜通风降温部件运转正常。设备内各线缆布置紧固到位，与各运动部位无剐蹭、磕碰，无破皮现象。各传感器、限位开关状态良好，空载动作试验通过。

（9）设备整体漆饰情况良好。

（10）设备平移轨道与临修及不落轮镟库内临修线轨道伸缩缝满足线路基本要求。

静态验收完毕后，组织进行动车组实车验证，主要实验项目有：确定设备各动作部件与各车型动车组的位置关系，验证设备的通过性、稳定性。全流程作业过程逻辑关系正常，负荷试验液压系统稳定，设备整体无异音、异响。

5. 动车组外皮清洗机

动车组外皮清洗机由循环泵组、刷组与喷头、污水处理部分及控制部分组成。静态验收时重点关注的项目如下：

（1）动车组外皮清洗机分单向设备和双向设备，二者在刷组上有明显的不同：单向设备刷组摆动角度小于 90°，双向设备刷组摆动角度为 180°。因此，必须仔细确认刷组在各个摆动方向上的止挡牢固程度，必要时需增加固定位插销。室内式洗车库横刷除了可以上下运动外，还可沿线路方向运动，因此需要特别注意横刷的各方向防护措施。

（2）设备间内各泵运转时是否存在异音，泵上安装的压力表是否配置阀门。

（3）设备间内各水管路、压缩空气管路应显著标识流向；各管路接头处不得有"跑、冒、滴、漏"现象，应注意各容器上是否标明盛放液体说明，液位上下限标是否明显。

（4）设备间内各水池盖板应涂刷防锈漆，应标注水池用途。

（5）检查并确认设备间内储气罐是否在属地质监部门注册登记，并完成首次检验；各安全附件是否在属地质监部门完成注册登记，并完成首次检验。

（6）在编者所参与的各动车运用所建设中，洗车库均会设立设备厂家特制的指示箭头型信号，该信号会对动车组司机产生严重影响，因此必须禁止安装。

静态验收完毕后，由设备生产厂家进行上电空载调试。空载调试通过后，组织进行动车组实车验证，主要实验项目有：确定各环节停车标位置，如预备位停车标、切换受电弓停车标、清洗结束停车标，前端洗停车标、后端洗停车标、牵引连挂停车标、牵引解挂停车标等；验证各刷组进毛量；验证喷水、清洗剂流量；验证洗车作业流程及司机与操作人员呼唤应答用语等。

6. 安全联锁监控系统

安全联锁监控系统以 PLC 网络控制系统为核心，主要由计算机控制与显示子系统、门禁控制子系统、隔离开关控制子系统、信号引导子系统、广播子系统和视频监视子系统等部分构成。静态验收时重点关注的项目如下：

（1）检查调度控制台内部电气部件，要求：电气主控 PLC 主机、工控机、继电器、空气开关等接线无松动，触头无变形、过热及烧痕等问题；检查安全联锁控制台面板及台面显示器系统，应主机运行正常、一致；控制台指示灯、显示器操作界面各状态，如接触网有/无电状态、出入库门状态、立体作业平台渡板状态、信号灯状态等应与实际情况相符，各按钮、转换开关应动作灵活。同时，重点测试紧急分闸按钮，要求在测试前与现场做好联控，确认股道内动车组断电降弓；检查并确认计算机软件运行良好，鼠标、键盘各按键作用良好，显示器显示正常。

（2）检查安全联锁视频监控系统，要求：各摄像头画面清晰流畅，各监控显示器或者拼接屏显示正常，视频切换键盘、控制摇柄功能切换操作控制灵活；视频监视系统前端及传输设备及各摄像机（球机、枪机）运转正常，表面清洁，安装牢固，外观无破损，其中球机云台控制作用良好，灵活转动、变焦，转动机构动作无卡滞，电机作用良好。

（3）检查并确认广播系统功放、麦克风工作正常状态，试验库内声音回声正常，现场广播音柱安装牢固。

（4）检查并确认：门禁系统主机运行正常，显示器显示界面各状态与实际情况相符，如各作业平台作业门关闭情况、作业平台内人员状况、读卡器状态。

（5）检查并确认：库内三层作业平台门禁读卡器、电磁锁、紧急破碎开关外观良好，无破损；现场配电柜内无烧损现象；读卡器工作状态正常；电磁锁吸合良好；LED 有无电显示屏、信号机显示正确，外观无破损，悬挂牢固；作业门灯显示正常；光电传感器（有车、无车检测）检测正常。

（6）检查机房相关设备状态，要求 UPS 不间断电源接线牢固，工作正常。重点检查电压输出是否符合技术要求，电池有无凸起、漏液、明显污迹；硬盘录像机、视频分配器等是否接线牢固、状态正常。

（7）检查并确认：库内电缆桥架内导线无过热、烧损，线号清晰；线槽安装牢固，无明显变形；槽内清洁、干燥，桥架盖板无松脱现象。

（8）检查并确认：库内现场隔离开关操作设备（现场分控柜）柜门锁闭良好，接地装置锁闭良好，柜内 PLC、继电器、电源等电气工作状态正常，接线端子线槽良好，接线无松脱现象；分控柜面板按钮、指示灯工作情况良好。在现场进行供断电试验，确认各系统联锁状态，验证分合闸条件。

静态验收完毕后，由设备生产厂家进行上电空载调试。空载调试通过后，组织进行动车组实车验证，主要实验项目有：进一步实车验证出入库联锁信号显示是否正常，各系统联锁关系是否正常；验证出入库信号联锁条件及隔离开关分合闸条件。

7. 立体作业平台

立体作业平台主要由平台翻板、平台框架机构、桥架、风缸和供风系统，以及控制部分组成。静态验收时重点关注的项目如下：

（1）检查并确认：立体作业平台框架机构、桥架等主体部分螺栓紧固状态良好；登梯、护栏等各部分无开焊；防护链条及链条扣完好、无缺损；平台、安全网栏无变形、损坏；平台翻板防护橡胶板完整、无脱落；翻板转动销轴安装牢固，开口销无缺失、状态正常；立体作业平台各部位无超出限界部件。

（2）检查气动三联件并确认：润滑油油位正常、无漏风，运行正常；主风管道及各供风支管路、电磁阀等无漏风现象；风缸密封良好，工作同步，速度平稳；各部位风压表都完成计量首检，压力值在技术要求规定的范围内，状态良好。

（3）关闭风源后，检查闭锁风缸，应能保持在翻板垂直位置，风缸自锁运行正常；检查气缸磁敏开关状态是否正常。

（4）检查并确认：配电柜内电器无松动，状态良好。重点检查 PLC 是否正常、隔离变压器有无异音、发热。检查平台警示灯是否指示正常；检查平台翻板控制开关动作是否灵敏、状态是否良好；检查平台照明灯是否工作良好。

（5）检查并确认：安全门开关状态良好，平台翻板动作正常；并与安全联锁信号同步，逻辑正常。

静态验收完毕后，由设备生产厂家进行上电空载调试。空载调试通过后，组织进行动车组实车验证，主要实验项目有：立体作业平台复位后各部位与动车组不发生剐蹭；立体作业平台状态与安全联锁信号同步，逻辑正常；立体作业平台与动车组检修作业不发生冲突、干涉等。

8. 移动式轮辐轮辋探伤机

移动式轮辐轮辋探伤机主要包括机械系统、控制系统及其随动小车、探伤载体单元、电气控制系统、水箱及供水系统、小轨道、样板轮及上道装置、外观漆饰等。静态验收时重点关注的项目如下：

（1）设备走行部轨道轮润滑情况良好，运转无异音，回转机器人线束捆扎到位，在各轴运动范围内线束（信号、供电线缆、水管等）无拉伸、无挤压情况，载体回转单元 360° 回转状态良好。设备载体升降机构运动状态良好，液压系统无"跑、冒、滴、漏"情况。设备各齿轮机构润滑情况良好。轮缘套无磨损，伸缩架空载动作无卡滞。

（2）设备本体走行过程无异音、异响，使用异物遮挡方式测试设备防撞传感器，应能够按照出厂设置制动到位。小车运动定位精度原则上应不超过 5 mm。小车机械零位在 ±10 mm 范围内。

（3）探头载体升降机械极限位置、伸展机械极限位置，以及踏面超声探头压缩量符合相关技术标准。探头安装牢固，压缩弹簧不缺失。载体无磕碰、变形。

（4）设备水箱注水试验无泄漏，水泵运转无异音，供水管路无漏水情况，载体单元喷水管路布置合理，无挤压、堵塞情况。水箱外观良好，无锈蚀。

（5）设备配电柜内线号清晰，接线稳固，各电气部件（继电器、接触器、开关电源等）无松动、烧结情况，布线规范。设备材质以及柜门内密封良好，符合出厂防水等级要求。设备整体接地情况良好，设备配电柜、水箱、机械系统地线连接情况良好，接地系统可靠。水源、电源接口完好。

（6）随动小车柜门锁闭功能良好，走行轮滚动平滑、制动良好。显示器、鼠标、键盘、路由器等外设功能正常。工控机散热功能正常，外壳接地良好。线缆插头安装牢固。外接电源接口完好。

（7）样板轮外观状态良好，无磕碰损坏，无锈蚀。样板轮存放架稳固。样板轮运输小车外观状态良好，升降功能可靠，制动良好，螺栓紧固到位，焊接状态良好。设备防尘布回弹功能良好，防尘布无破损。

（8）探伤设备小轨道符合各型设备运行高度差及轨距标准。轨道在地面上安装牢固。

（9）移动式轮辐轮辋设备须符合该类设备校验要求，校验比照有关探伤规程执行。静态验收时校验报告齐全。

静态验收完毕后，组织进行动车组实车验证。主要实验项目有：确定设备各动作部件与各型动车组位置关系，根据动车组车型确定探伤载体机器人路径。验证设备实车探伤过程中各类图像图谱显示状态、耦合状态及分辨率。

9. 移动式空心轴探伤机

移动式空心轴探伤机主要包括机械系统、控制系统、进给机构及探伤系统、电气控制系统、对比样轴等。静态验收时重点关注的项目如下：

（1）探伤机车身状态良好，无磕碰伤损，工控机、UPS 电源等安装稳固，空调或风扇作用良好，操作终端滑道顺畅，无松脱、卡滞，回收防护卡座作用良好。行走驱动电机运行平稳，电池电量充足。

（2）进给机构升降装置作用良好，升降平稳，无卡滞、异音。进给机构升降装置悬挂钢丝绳无断丝、断股，无毛刺，固定卡具作用良好。滤芯干净、无杂物。进给机构外壳状态良好，无磕碰裂损，无漏油、渗油。进给机构插接线缆无变形伤损，插头及两端插座良好。探头定位螺丝无脱落、折断，定位环油封无破损，支撑弹簧作用良好，探头接触面作用良好。

（3）探头轴向定位精度 $\leqslant 2$ mm，探头周向定位精度 $\leqslant 2°$，探伤系统信噪比 $\geqslant 12$ dB，基准缺陷波幅重复性误差 $\leqslant 3$ dB；或以上指标满足技术规格和相关探伤规程有关要求。

（4）探伤耦合油油位正常，探杆探头出油稳定、无滞堵。系统开机正常，运行稳定，各部控制作用良好，记录打印正常。UPS电源在切断外接电源后可继续工作不少于15 min。急停等安全防护装置齐全可靠，作用良好。各电气附件齐全、良好，配线安装牢固、无破损。

（5）对比样轴外观、螺纹丝扣状态良好，无磕碰、锈蚀。支架稳固可靠。各型适配器根据生产情况配置，种类、数量齐全。

（6）移动式空心轴探伤机须符合该类设备校验要求，校验比照有关探伤规程执行，静态验收时校验报告齐全。

静态验收完毕后，组织进行动车组实车验证。主要实验项目有：探杆在空心轴内的通过性，以及验证设备实车探伤过程中各类图像图谱显示状态、耦合状态及分辨率。

10. 立体仓库

立体仓库主要由货架、堆垛机、输送机、电气控制系统、监控计算机组成。静态验收时重点关注的项目如下：

（1）电控柜与操作台各控制按钮、指示灯正常；内部接线端子无松动；无线接收模块的电源线、信号线无松动，接收模块的指示灯正常；变频器接线无松动、脱落；制动电阻无发热严重，无异味。

（2）监控计算机接线无松动，显示器显示正常，网卡通信正常；软件系统启动、操作正常；视频监控摄像头镜头无污染，焦距正确，可正常使用。

（3）堆垛机电机和减速机工作正常，无漏油，无异音、制动性能良好；钢丝绳无断丝、断股，无毛刺，接头牢固可靠；起升与运行机构电机运转正常平稳，无异音；导向轮工作良好；主要连接部件连接螺栓无松动，无缺失；货叉及载货台伸缩平稳、灵活；传动链条无松弛、损坏；激光测距镜头无污染，激光测距支架无松动；机载电控柜的柜门面板按钮、指示灯颜色正常，柜内接线端子无松动，柜门锁闭良好。

（4）输送机电机和减速机外观整洁，工作正常，无漏油，无异音，制动性能良好；天地轨紧固螺栓、滑触线连接牢固可靠，集电臂无损伤。

（5）尺检系统光电开关位置正确，光栅对正；条码阅读器镜头无污染、对正。

（6）货架及托盘安装牢固，无变形；托盘外观整洁，无磕碰、变形；巷道内无杂物；货物在托盘、货箱内摆放整齐，无超限。

静态验收完毕后，由设备生产厂家进行上电空载调试。空载调试通过后，组织进行货物运取送验证，主要实验项目有：验证系统稳定性及实际取送货物是否正常。

11. 真空卸污系统

真空卸污系统主要包括卸污凸轮泵主机、轨边卸污单元、真空管路。静态验收时重点关注的项目如下：

（1）真空泵间内卸污主机柜体外观状态良好，柜门门体、散热装置状态良好。污物箱等所有金属外露部位需做防腐处理，焊缝外观状态良好，无泄漏。

（2）真空泵体外观状态良好，标识清晰，运转过程中无明显晃动，无异音、异响，泵体无泄漏。真空泵油位视窗清晰，真空泵油充足。

（3）真空泵主机内管路状态良好，无锈蚀、泄漏，使用泵体注水的方式做试验，一是机柜内各闸阀截断情况良好，闸门旋转灵活、无卡滞，止回阀工作状态良好，停泵后无回流情况。各压力表通过计量首检，压力显示状态良好。电机固定到位，标识清晰，运转过程中电机本体、轴承、皮带无异响。

（4）真空泵数显压力表示数正常，与对应压力表一致。设备配电柜内线号清晰，接线稳固，各电气部件（继电器、接触器、保险、可编程控制器、开关、电源等）无松动、烧结情况，布线规范。电气开关按钮、旋钮等工作状态良好，急停开关试验正常。

（5）真空机房至现场真空管路管径、材质、管线布置、截门等科学合理可靠，热熔状态良好，无泄漏。保温材质无破损。含有伴热装置的管路，功率配置合理，电气接地、线路保护等状态良好。

（6）轨旁卸污单元箱体或盖板（地埋式）固定情况良好，螺栓紧固部位涂打有防松标记，柜门锁闭功能良好。机械盘管功能试验状态良好，电动盘管功能除试验状态良好外，须确认功率配置合理，电气接地、线路保护等状态良好。盘管装置要设置应急手动盘管机构，以确保故障后的应急使用。卸污单元软管的材质、长度合理。快速接头与动车组卸污接口匹配，截门旋转灵活，手把止挡有效、无死区。按需配置一定数量的延长管路，延长管路两端配置公母匹配的快速接头，质量要求与卸污软管一致。轨边卸污单元抽吸半径根据不同车型全覆盖动车组卸污口。

（7）静态验收中对真空系统进行验证，整个系统达到额定真空压力（$-60\sim-40$ kPa），保压 1 h 后真空度损失在 5% 以内。

静态验收完毕后，组织进行动车组实车验证。主要实验项目有：卸污单元覆盖范围是否合理，要求每条卸污线最大抽吸距离不小于 300 m，每条卸污线可同时开启不少于 3 个卸污口，且 80 L 污物箱排空时间在 2 min 之内；真空系统中所有管路、截门是否有明显泄漏情况；在正常卸污作业组织过程中，盘管机构收取卸污软管、锁闭单元等操作是否能够满足现场的时间需求。

需要提醒的是，在车站配置真空卸污系统时，应考虑在卸污班组待检室内设置列车到发时刻股道显示屏，协助作业人员准确判断作业时间和作业地点。

12. 空压机、储气罐、分气缸、安全附件

按照国家《特种设备安全法》相关规定，空压机并不属于特种设备，但空压机内部的油水分离器属于特种设备，并且空压机内部的安全阀属于安全附件。空压机内部的油水分离器一般为 II 类压力容器或简易压力容器，按照国家的相关规定，此类压力容器在设计使用年限内不需要进行定期检验，所以使用单位必须注意此类压力容器的安全管理和定期检查。

动车运用所空压机间内是压力容器、管路、安全附件最集中的区域，验收空压机间内设备设施时，最主要的是检查压力容器（包括储气罐和分气缸）的注册登记手续，以及安全阀、压力表等安全附件首次检验合格证明[①]。

---

① 需要特别提醒的是，按照国家规定，只有特种设备及安全附件的注册登记检验手续齐备，才能开机运行。因此，新建铁路项目联调联试前，如果配套新建的动车运用所还需要投入联调联试动车组检修作业，则必须提前办理特种设备及安全附件的注册、登记和首检工作。

在动车运用所建设工程中，一般配置螺杆式空压机，应尽可能采用变频式螺杆空压机。对于空压机、储气罐、分气缸、安全附件等进行验收时，除了查验国家强制要求的必要资料、证明外，还应在现场对以下内容进行详细检查：

（1）空压机内是否存在漏油现象。如果存在油迹，应查明原因，对于非正常油迹故障，必须在正式运营开机前排除。

（2）空压机内电气配件防油、防水、防尘措施是否满足要求，接线是否牢固。空压机内部各部件安装是否牢固。

（3）空压机试运行^①过程中，电动机等机械运行部件是否存在异常声音、异常振动、漏气等故障。

（4）储气罐、分气缸，以及某些型式的油水分离器中的储气罐体本身没有防护措施，在安装过程中难免磕碰，因此空压机开机运行前，应对所有罐体、缸体的外观、铭牌和标志进行仔细检查。存在磕碰现象时，应由有资质的人员现场查验是否影响使用，对于影响使用的磕碰损伤，必须更换罐体，不得临时修补、涂漆，掩盖磕碰损伤；对于不影响使用的磕碰损伤，可以采用补漆防锈的方法修复，并由交接双方（或多方）签署备忘材料留存。

（5）动车运用所内的空压机间为无人值守场所，因此，在采购储气罐、分气缸时，应配置自动排水设施^②。需要说明的是，空压机空气过滤网除尘用风源，不得从分气缸排污口处临时接引，应从分气缸出气口处正式接引，并安装专用阀门，不使用时及时关闭阀门。

（6）空压机、储气罐、分气缸、油水分离器等排污口可以并联入同一排污

---

① 按照国家相关规定，储气罐投入使用前必须进行登记、注册、检验，但对空压机进行验收时，上电试运行是必不可少的环节，因此可以关闭储气罐出气口阀门，打开排污口阀门之后，打开空压机进行短时间（加载运转 5 min）试运行，以检验空压机运转状态。如果储气罐、分气缸和相关安全附件等的登记、注册、检验手续已经完成，则只关闭分气缸出气口阀门之后，打开空压机，使空压机加载运行至储气罐设定工作压力，在检验空压机的同时，对相应压缩空气管路、压力表等也进行检验。

② 一般情况下，储气罐生产厂家不生产排水自动控制装置，需另行购置。排水自动控制装置也有很多形式，有时间继电器控制电磁阀型，也有单片机控制电磁阀型，还有无源自动排水阀型等。无论采取何种形式，一定要注意工作压力等参数。

管路，但应考虑一个设备排污时对其他设备排污口阀门的反向压力冲击。排污管路延伸至空压机间外时，应对管路采取防寒措施，同时确认排污管口处于排污井内。排污井口应设置防油污外喷措施。

（7）空压机内、储气罐、分气缸及部分型式的油水分离器上均须安装安全阀。为方便储气罐顶部的安全阀日常试喷①检查，可在安全阀手动排放手柄末端安装拉绳，便于日常试喷检查。

（8）储风罐、分气缸专属压力表应通过三通旋塞或针型阀直接附着于压力容器本体上，也可通过短距离（一般不超过 2 m）管路移装在临近房屋内，但压力表专用三通旋塞前禁止安装截止阀。

（9）为便于观察，储风罐专属压力表表盘上应设置最高工作压力标记，也就是在压力表刻度盘上采用明显的颜色（红色）进行刻度标记，即标识工作压力红线。红线标识的压力应高于空压机设定停机压力，并低于储气罐工作压力。动车运用所内压力一般设置为 0.8 MPa。需要提醒的是，红线不应涂画在玻璃镜面上，防止因振动发生偏移。

（10）部分动车运用所空压机间内配置了吸附式干燥机，这种干燥机是通过压力变化（变压吸附原理）来达到干燥效果的。两塔循环工作，无需热源，连续向用户用气系统提供干燥压缩空气。此种干燥机会造成一定量的压缩空气损失，而且噪声较大，因此，不建议采用。

13. 桥式起重机

动车运用所内配备的起重机有两种，一种是叉式起重机，俗称叉车；另一种是桥式起重机，俗称天车。在动车运用所中，桥式起重机是指配置在临修及不落轮镟库中的双梁桥式起重机，以及配置在检查库边跨大部件检修存储区和真空卸污泵房内的单梁悬挂起重机。

在客车、动车组高级修厂房内，还会配置单梁桥式起重机。单梁桥式起重

---

① 采用螺杆变频空压机后，安全阀试喷工作的主要目的是检查安全阀内各机械部件（如弹簧等）是否由于长时间不动作而卡滞。如需准确检验安全阀启喷和回座压力值，必须将储气罐出口阀门关闭，空压机内部安全阀锁闭（或隔离），通过设置空压机启停压力来检查安全阀各项整定值。

机与单梁悬挂起重机的主要相同点是，两者都以电动葫芦作为起升机构；不同点是单梁桥式起重机的大车在厂房走行轨道上方前后运行，如图 3-1 所示，而单梁悬挂起重机的大车悬挂于厂房工字钢轨道下前后运行，如图 3-2 所示。除此之外，单梁桥式起重机常用起重吨位一般不大于 20 t，最大可达到 32 t，常用于能够安装承重梁的厂房；而单梁悬挂起重机的起重吨位一般小于 10 t，常用的吨位有 3 t[①]、5 t，一般用于无法安装承重梁的厂房，而且起吊高度也通常比较低。

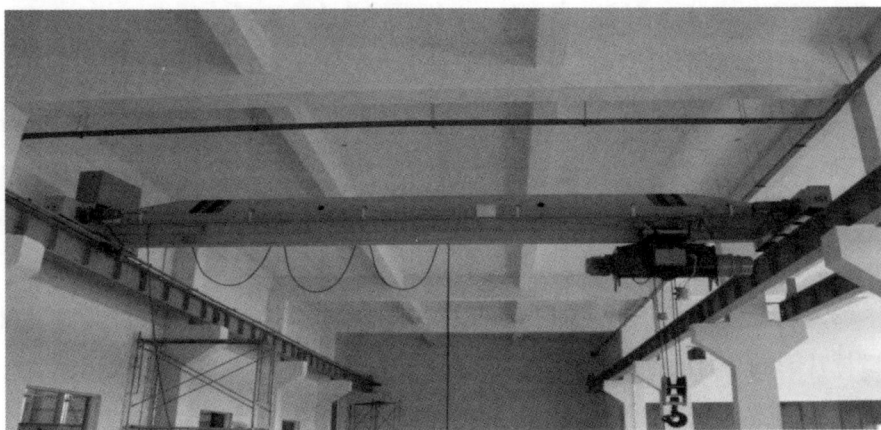

图 3-1　常见单梁桥式起重机

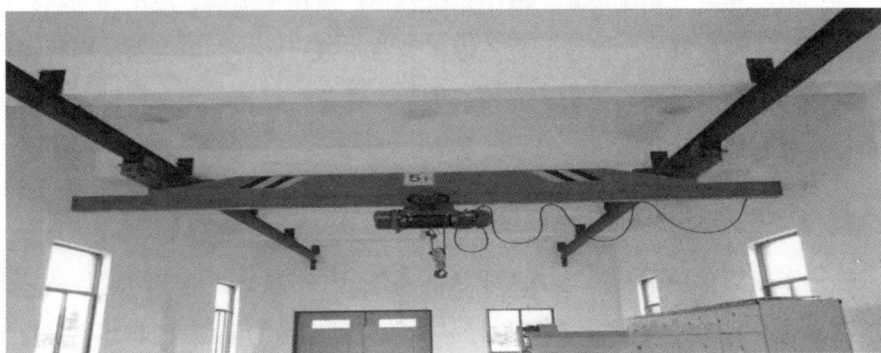

图 3-2　常见单梁悬挂起重机

---

① 在 2014 年 10 月 30 日国家质检总局颁发的特种设备目录中，3 t 以下或起升高度小于 2 m 的起重机械不属于特种设备。

按照国家法律法规规定，检查库内配置的单梁悬挂起重机不再归属特种设备，因此验收检查库内的单梁悬挂起重机时，一般采取直接操作试运行的方式验收，重点检查单梁悬挂起重机的走行轮、电动葫芦的走行轮及钢丝绳滚筒、吊钩上的滑轮和防脱锁扣等运动部位是否有卡滞，各运动方向控制按钮、急停按钮等动作是否正常。在条件允许的情况下，可以尝试吊起重物短距离运送，以检验设备状态。

临修及不落轮镟库中的双梁桥式起重机一般安装两种吨位的吊钩，一种是 10 t 钩（大钩），另一种是 3.2 t 钩（小钩）。验收双梁桥式起重机时，必须按照国家规定的相关法律法规、标准进行验收。重点检查以下内容：

（1）外观检查。重点检查双梁桥式起重机的铭牌、起重量标志、安全距离、运行轨道等。

（2）主要零部件检查。包括吊具的悬挂、吊钩的防脱钩装置、吊钩焊补铸造钩口防磨保护鞍座、钢丝绳的质量，以及固定器、导绳器及滚筒等。

（3）安全防护和防护装置检查。包括制动器本身状态和控制机构、制动器与摩擦片、制动器的推动器、各限位器（升降高度限位器、运行终端限位器、起重量限制器、防碰撞限位装置）和报警器、运行缓冲器和端部止挡、联锁保护装置、急停开关、导线滑触线保护装置等。

（4）液压和电气系统检查。液压系统包括：液压平衡阀、液压锁与执行机构连接情况、液压缸安全限位装置、液压管路及截止阀等；电气系统包括：电动机及各操作控制线路，错相、缺相、失压、零位、超速等保护器件，接地电阻及接地线，照明线路、信号及警铃等。

14. TADS、TEDS、TPDS

铁道车辆滚动轴承故障轨旁声学诊断系统（TADS）、动车组运行故障图像检测系统（TEDS）、铁道车辆运行品质轨旁动态监测系统（TPDS）是车辆安全监测检测系统设备中应用在动车组运行环境中的安全监测设备。与其他动车组运用检修设备不同的是，这三种设备均安装于动车组运行正线或车站到发线上，TPDS 更是要求安装在时速 300 km 以上的线路区段，因此这三项设备的最大关注点就是在线路上安装的所有配件一定要牢固。

TADS、TEDS 和 TPDS 主要由磁钢和磁钢板、沉箱、侧箱、分线箱、机柜、联网设备、各功能主工控机和服务器磁盘阵列、KVM、供电和防雷装置，以及机房专用空调等组成[①]。静态验收时应认真检查以下项目：

（1）磁钢、卡具及磁钢板必须安装牢固，涂打明显的防松标记；设备配套的所有线缆应设置防护套管并埋入地下。不具备条件时，应间隔固定在固定块上。磁钢靠近钢轨一侧面要求与钢轨内侧面间隙为 1～2 mm，磁钢上表面与轨面间距为（37±1）mm。

（2）沉箱、侧箱、分线箱等轨边箱体应重点检查其安装牢固程度，确保每颗螺栓均紧固到位并涂打防松标记。沉箱、侧箱的转动、滑动部件能正常动作；补偿光源能正常开启；相机能正常拍照。沉箱内的排水泵、风扇能正常工作。

（3）机柜、联网设备、各功能主工控机和服务器磁盘阵列、KVM、供电和防雷装置，以及机房专用空调等，均按照动车运用所内机房内饰设备验收标准执行。

15. 设备设施资料

设备验收完毕后，由设备厂家对存在的问题进行限期整改，整改完毕后，办理设备交接手续，其中包括设备资料交接。

交接资料的内容应包含（不限于）：设备商务资料、产品质量证明文件、设备技术资料、设备清单、主要部件说明、备件明细等，交接双方现场签认交接单。

（1）设备商务资料包括设备生产厂家资质文件和购置合同文本，要求：复印件加盖公章。

（2）产品质量证明文件。要求：国铁集团、铁路局集团公司对设备的技术评审等相关证明文件复印件。

（3）设备清单及主要配件、备件、易耗件清单。

（4）设备技术规格、产品合格证、使用说明。要求：原件。

---

① 车辆安全监测检测系统设备均安装在运行线路上，但并不是都具有沉箱（沉入轨枕间）和侧箱（安装在轨枕两侧），TPDS 则是将各种传感器直接固定在钢轨上。

（5）设备维护保养范围及小、大修标准。要求：包括开机前、运行中、关机后检查内容；日常、定期保养范围及润滑保养用料用量。

（6）各种测试报告、主要配件合格证。要求：原件。

（7）进场设备报审材料及安装记录（日志）、基础工程建设情况总结。

（8）设备交付清单、设备交接单。要求：接管、建设、设计、基础施工（移动设备可无此项）、供货、监理六方签章。

（9）竣工图纸。要求：包括电气图纸、机械图纸、基础图纸。

（10）对于带有计算机的设备，应制作调试完毕后的计算机系统备份光盘 1 份，所有资料扫描件（维护、维修相关内容可以为可编辑版本）光盘 1 份。

3.3 相关结合部工程分界

在动车运用所内部，存在动车组运用检修设备与工务、供电、电务等专业设备的结合部工程，比如车轮故障在线检测系统、受电弓及车顶检测系统、安全联锁监控系统、入库信号同意按钮盘等，这些设备均直接与工务部门的钢轨、供电部门的接触网、电务部门的信号控制系统等设备相连或相互配合，才能完成相关作业。因此，在验收过程中，首先应分清各专业负责的范围，其次也应了解其他专业的工作流程。

动车运用所内各项设备设施存在的结合部工程较多，本节主要介绍比较典型的与工务、供电、电务专业的结合部分工范围。

1. 与工务部门的结合部

动车运用所内线路、道岔、普通道口及库（棚）外线路排水设施、各种库（棚）内线路、轨道桥底座以上轨道设备及连接零配件，由工务部门负责维护管理。其他车辆部门专用设备，如活动轨道桥、镟轮设备、转向架更换设备（含设备轨道）、轮重测量仪、踏面诊断设备（含异型轨）、转盘内设备、架车机设备（含设备轨道）、动车组牵引设备等及安装在轨道上的附属设备，由车辆部门负责维护管理。

2. 与供电部门的结合部

受电弓及车顶状态检测系统由车辆部门负责日常使用、维护保养及检修管理；检测棚内接触网由供电部门负责维护管理；受电弓及车顶状态检测系统检测区段的专置隔离开关由车辆部门负责使用，由供电部门负责维护管理。

动车组安全联锁监控系统日常使用维护保养及检修由车辆部门负责，库前隔离开关本地操作箱内以接线端子为分界点，远程操作控制信号线由车辆部门负责，隔离开关、本地操作箱及供电电源由供电部门负责维护管理。

侧移式刚性接触网以高低压绝缘子分界，低压侧及电气联锁控制系统由车辆部门负责，接触网悬挂系统、安全接地系统和高压引入系统由供电部门负责。

3. 与电务部门的结合部

动车运用所检查库、临修及不落轮镟库、洗车库内均不设置行车用轨道电路①，在行车调度指挥大屏上无法显示该三处线路上是否被动车组占用，这就需要在动车组进入这三处线路前，由线路使用方进行确认。因此，这三处房屋建设时，均在进入方向的门口设置了同意按钮盘，目的是由线路使用方人工确认是否可以进车，按动按钮向行车指挥系统给出同意进入的条件，入库信号才能开放。

实际上，在实际生产作业中，检查库内各股道占用情况、各股道周边设备设施状态，均显示在动车运用所调度室内的大屏幕上，不需要专人前往库前进行人工确认。因此，可以将检查库各股道的同意按钮盘设置于调度室内，而不是设置在检查库门口。

临修库内不设置接触网，在轮对镟修或动车组临修作业中，均使用公铁两用牵引车拖拽动车组。因此，可以取消临修及不落轮镟库内的同意按钮盘，将

---

① 踏面及受电弓检测棚内检测设备部分区段线路不设置轨道电路，由于距离较短，约为 10 m，远远短于动车组长度，因此可以忽略不计。通过式动车组外皮清洗机所在洗车线路上设置有轨道电路，但室内式动车组外皮清洗机虽然库房长度小于短编组动车组，但由于库内无接触网，且库内设置有较多线、管等设施，为避免出现"红光带"，大多情况下不设置轨道电路。

临修库前的入库信号改为停车标即可。

在洗车线上设置同意按钮盘是有必要的，但可以设置在洗车库控制室内，由洗车作业操作人员确认设备状态后给出同意开放信号的条件。

4. 生产准备费及生产准备费购置物品

1）生产准备费

生产准备费包括生产职工培训费、办公和生活家具购置费、工器具及生产家具购置费。

（1）生产职工培训费。

生产职工培训费指新建和改扩建铁路工程，在交验投产以前对运营部门生产职工培训所必需的费用。内容包括：培训人员的工资、津贴和补贴，职工福利费，差旅交通费，劳动保护费，培训及教学实习费等。

（2）办公和生活家具购置费。

办公和生活家具购置费指为保证新建、改扩建项目初期正常生产、使用和管理，所必须购置的办公和生活家具、用具的费用。内容包括：行政、生产部门的办公室、会议室、资料档案室、文娱室、食堂、浴室、单身宿舍、行车公寓等的家具用具，不包括应由企业管理费、奖励基金或行政开支的改扩建项目所需的办公和生活家具购置费。

（3）工器具及生产家具购置费。

工器具及生产家具购置费指新建、改建项目和扩建项目的新建车间，验交后为满足初期正常运营必须购置的第一套不构成固定资产的设备、仪器、仪表、工卡模具、器具、工作台（框、架、柜）等的费用。不包括：构成固定资产的设备、工器具和备品、备件；已列入设备购置费中的专用工具和备品、备件。

提示：一般情况下，动车运用所开通前需要使用生产准备费购置办公和生活家具、工器具及生产家具。以往动车运用所食堂中灶具、厨具、炊具等超过固定资产定额（单价5 000元及以上）的设备设施，无法使用生产准备费购置，导致动车运用所开通初期，食堂无法正常提供餐食。因此，需要食堂承办单位提前与建设投资方沟通，事先购置相关用具。

2）生产准备费应购置的物品

下面列出了按照动车运用所开通前期使用到的各种办公和生活家具、工器具及生产家具，所列的项目可供参考，所需的数量则应根据动车运用所初期开行规模提出合理需求。

宿舍：单人床、床垫子、床头柜、桌、椅、衣柜、窗帘、被褥、热水器等。

班组：三人排椅等。

办公室：办公桌、文件柜、办公椅、更衣柜、计算机、打印机、传真机、扫描仪、电话等。

会议室：会议桌椅等。

浴室：更衣柜、更衣凳等。

食堂：灶台、压面机、和面机、电饭煲、冷冻柜、冷藏柜、蒸箱、消毒柜、垃圾桶、餐桌椅等。

其他：电茶炉、洗衣机、微波炉等。

通信工具：对讲机、GSM-R 手机、电台中继器等。

第4章

品质提升工程

随着高速铁路不断开行，动车运用所入职职工年龄越来越趋于年轻化，而动车运用所建设选址大多位于城市郊区，周边生活服务设施相对匮乏，因此职工在休息期间对于锻炼身体等需求日益强烈。为丰富职工业余生活，提升动车运用所对青年职工的凝聚力，动车运用所内应配备健身活动设施。同时，充分利用场区内零散空地，增加动车运用所内绿化面积，如果条件允许，应对动车运用所整个场区进行统一的绿化设计，实现动车运用所工程的整体品质提升。

4.1 职工活动室、运动场

1. 职工活动室

1）职工活动室的功能

职工活动室主要包括可以在室内进行的文体活动项目，如羽毛球、乒乓球，以及图书阅览、棋牌游戏、唱歌、电影等。

体育运动场地中，羽毛球、乒乓球场地可以合用。在条件允许的情况下，可以将室内运动场地建成篮球场规模，既可满足篮球、排球、毽球等团体运动条件，也可实现羽毛球、乒乓球等个人运动条件。

其他房间可用于书籍阅览、棋牌、唱歌、小型影院、电子游戏等文娱活动室。

2）职工活动室的规划设计

职工活动室应设置在距职工宿舍较近的区域。为了不打扰职工休息，建议不要与职工宿舍楼合建，而采用单独建设的建筑物。

职工活动室内部装修应考虑到隔音、照明、采暖、空气调节等需求。

在动车运用所投产初期，由于开行动车组、人员配备等相对较少，所以可适当扩大职工活动室内配套电力、水源等的设计规模，为后期运营保留一定的冗余量。

2. 职工运动场

职工运动场主要是指跑道、篮球场、足球场、健身器材场地等。其中篮球场和足球场的位置应远离线路，并设置一定高度的防护网。

这些场地应注重场区排水需求。对于室外健身器材，应关注防锈措施，以及安装牢固程度。

4.2　场区绿化

对动车运用所内场区进行绿化是提升场区品质、美化场区环境的重要手段。无论存车场与检查库采用横列式布置还是纵列式布置，动车运用所内都会存在很多零散的地面区域，这些区域要么铺设了管线，要么距离线路较近，均不适合再设置建筑物或构筑物，因此，这些零散区域非常适合做绿化。

1. 线路周边

动车运用所内各条线路均为电气化线路，因此在存车场、咽喉区等线路周边区域，只适合种植低矮的灌木，比如冬青等。

由于线路周边会埋设线缆，建议不要在线路周边种植草皮。

2. 建筑物、构筑物周边

建筑物、构筑物周边适合种植乔木。为便于打理，建议种植松树、柏树等。对于面积较大的区域，可以种植草皮，还可以种植观赏类树木，如银杏等。

动车运用所区域内应避免种植柳树、杨树等树木，这些树木产生的絮状漂浮物，容易造成动车组及设备设施过滤网堵塞，同时絮状物堆积也会带来较大的消防隐患。

3. 场区道路

动车运用所场区内道路主要分为两类，一类是环所道路和建筑物之间的连接道路，也兼作消防道路，一般为 7 m 宽；另一类是轨道线路间的道路及平过道，这一类道路的宽度取决于股道线间距，以及信号机等设备之间的距离。

在有条件的情况下，可以在环所道路有效宽度内敷设 1 m 宽的健身塑胶步道，或在宿舍与检查库间的环所道路区段敷设健身塑胶步道，为职工提供良好的健身条件。

对于动车运用所环所道路、建筑物之间的连接道路，应设置带透水孔的路沿石，并且道路中心至两侧应形成坡度，避免出现路面积水。道路两侧如果未敷设线缆，可以种植树木和草皮；如果敷设线缆，应采用线缆沟或预埋套管的形式敷设，在预埋套管的区域应避免种植较高植株的草本植物。

第5章

相关规范、规章、制度

5.1　动车运用所设计规范、标准

本节主要梳理出设计动车运用所的各相关专业使用到的设计规范、标准。

1. 铁路行业标准

（1）《铁路路基设计规范》（TB 10001—2016）

（2）《铁路桥涵设计规范》（TB 10002—2017）

（3）《铁路通信设计规范》（TB 10006—2016）

（4）《铁路信号设计规范》（TB 10007—2017）

（5）《铁路电力设计规范》（TB 10008—2015）

（6）《铁路电力牵引供电设计规范》（TB 10009—2016）

（7）《铁路给水排水设计规范》（TB 10010—2016）

（8）《铁路工程地质勘察规范》（TB 10012—2019）

（9）《铁路工程物理勘探规范》（TB 10013—2010）

（10）《铁路工程地质钻探规程》（TB 10014—2012）

（11）《铁路无缝线路设计规范》（TB 10015—2012）

（12）《铁路工程节能设计规范》（TB 10016—2016）

（13）《铁路工程水文勘测设计规范》（TB 10017—2021）

（14）《铁路工程地质原位测试规程》（TB 10018—2018）

（15）《铁路工程不良地质勘察规程》（TB 10027—2012）

（16）《铁路动车组设备设计规范》（TB 10028—2016）

（17）《铁路工程水文地质勘察规范》（TB 10049—2014）

（18）《铁路工程摄影测量规范》（TB 10050—2010）

（19）《铁路工程卫星定位测量规范》（TB 10054—2010）

（20）《铁路房屋供暖通风与空气调节设计规范》（TB 10056—2019）

（21）《铁路工程制图标准》（TB/T 10058—2015）

（22）《铁路工程制图图形符号标准》（TB/T 10059—2015）

（23）《铁路工程劳动安全与卫生设计规范》（TB 10061—2019）

（24）《铁路工程设计防火规范》（TB 10063—2016）

（25）《铁路工程混凝土配筋设计规范》（TB 10064—2019）

（26）《铁路轨道设计规范》（TB 10082—2017）

（27）《铁路数字移动通信系统（GSM-R）设计规范》（TB 10088—2015）

（28）《铁路照明设计规范》（TB 10089—2015）

（29）《铁路桥梁钢结构设计规范》（TB 10091—2017）

（30）《铁路桥涵混凝土结构设计规范》（TB 10092—2017）

（31）《铁路桥涵地基和基础设计规范》（TB 10093—2017）

（32）《铁路房屋建筑设计标准》（TB 10097—2019）

（33）《铁路车站及枢纽设计规范》（TB 10099—2017）

（34）《铁路工程测量规范》（TB 10101—2018）

（35）《铁路工程土工试验规程》（TB 10102—2010）

（36）《铁路工程水质分析规程》（TB 10104—2003）

（37）《改建铁路工程测量规范》（TB 10105—2009）

（38）《铁路工程地基处理技术规程》（TB 10106—2023）

（39）《铁路防雷及接地工程技术规范》（TB 10180—2016）

（40）《铁路工程基本作业施工安全技术规程》（TB 10301—2020）

（41）《铁路路基工程施工安全技术规程》（TB 10302—2020）

（42）《铁路桥涵工程施工安全技术规程》（TB 10303—2020）

（43）《铁路轨道工程施工安全技术规程》（TB 10305—2020）

（44）《铁路通信、信号、信息工程施工安全技术规程》（TB 10307—2020）

（45）《铁路电力、电力牵引供电工程施工安全技术规程》（TB 10308—2020）

（46）《邻近铁路营业线施工安全监测技术规程》（TB 10314—2021）

（47）《铁路建设工程监理规范》（TB 10402—2019）

（48）《铁路工程地质勘察监理规程》（TB/T 10403—2021）

（49）《铁路轨道工程施工质量验收标准》（TB 10413—2018）

（50）《铁路路基工程施工质量验收标准》（TB 10414—2018）

（51）《铁路桥涵工程施工质量验收标准》（TB 10415—2018）

（52）《铁路通信工程施工质量验收标准》（TB 10418—2018）

（53）《铁路信号工程施工质量验收标准》（TB 10419—2018）

（54）《铁路电力工程施工质量验收标准》（TB 10420—2018）

（55）《铁路电力牵引供电工程施工质量验收标准》（TB 10421—2018）

（56）《铁路给水排水工程施工质量验收标准》（TB 10422—2020）

（57）《铁路站场工程施工质量验收标准》（TB 10423—2020）

（58）《铁路混凝土工程施工质量验收标准》（TB 10424—2018）

（59）《铁路混凝土强度检验评定标准》（TB 10425—2019）

（60）《铁路工程结构混凝土强度检测规程》（TB 10426—2019）

（61）《铁路数字移动通信系统（GSM-R）工程检测规程》（TB 10430—2014）

（62）《铁路计算机联锁工程检测规程》（TB/T 10436—2021）

（63）《铁路建设项目资料管理规程》（TB 10443—2010）

（64）《铁路工程环境保护设计规范》（TB 10501—2016）

（65）《铁路建设项目预可行性研究、可行性研究和设计文件编制办法》（TB 10504—2018）

（66）《高速铁路设计规范》（TB 10621—2014）

（67）《城际铁路设计规范》（TB 10623—2014）

（68）《市域（郊）铁路设计规范》（TB 10624—2020）

（69）《高速铁路路基工程施工质量验收标准》（TB 10751—2018）

（70）《高速铁路桥涵工程施工质量验收标准》（TB 10752—2018）

（71）《高速铁路轨道工程施工质量验收标准》（TB 10754—2018）

（72）《高速铁路通信工程施工质量验收标准》（TB 10755—2018）

（73）《高速铁路信号工程施工质量验收标准》（TB 10756—2018）

（74）《高速铁路电力工程施工质量验收标准》（TB 10757—2018）

（75）《高速铁路电力牵引供电工程施工质量验收标准》（TB 10758—2018）

（76）《高速铁路工程静态验收技术规范》（TB 10760—2021）

（77）《高速铁路工程动态验收技术规范》（TB 10761—2013）

2. 铁路工程造价标准

（1）《铁路基本建设工程设计概（预）算编制办法》（TZJ 1001—2017）

（2）《铁路基本建设工程设计概（预）算费用定额》（TZJ 3001—2017）

（3）《铁路基本建设工程投资估算预估算编制办法》（TZJ 1002—2018）

（4）《铁路基本建设工程投资估算预估算费用定额》（TZJ 3002—2018）

（5）《铁路工程工程量清单规范》（TZJ 1006—2020）

（6）《铁路工程材料基期价格》（TZJ 3003—2017）

（7）《铁路工程施工机械台班费用定额》（TZJ 3004—2017）

（8）《铁路工程基本定额》（TZJ 2000—2017）

（9）《铁路工程预算定额（第一册 路基工程）》（TZJ 2001—2017）

（10）《铁路工程预算定额（第二册 桥涵工程）》（TZJ 2002—2017）

（11）《铁路工程预算定额（第四册 轨道工程）》（TZJ 2004—2017）

（12）《铁路工程预算定额（第五册 通信工程）》（TZJ 2005—2017）

（13）《铁路工程预算定额（第六册 信号工程）》（TZJ 2006—2017）

（14）《铁路工程预算定额（第七册 信息工程）》（TZJ 2007—2017）

（15）《铁路工程预算定额（第八册 电力工程）》（TZJ 2008—2017）

（16）《铁路工程预算定额（第九册 电力牵引供电工程）》（TZJ 2009—2017）

（17）《铁路工程预算定额（第十册　房屋工程）》（TZJ 2010—2017）

（18）《铁路工程预算定额（第十一册　给水排水工程）》（TZJ 2011—2017）

（19）《铁路工程预算定额（第十二册　机务车辆机械工程）》（TZJ 2012—2017）

（20）《铁路工程预算定额（第十三册　站场工程）》（TZJ 2013—2017）

（21）《铁路工程概算定额（第一册　路基工程）》（TZJ 2101—2018）

（22）《铁路工程概算定额（第二册　桥涵工程）》（TZJ 2102—2018）

（23）《铁路工程概算定额（第四册　轨道工程）》（TZJ 2104—2018）

（24）《铁路工程概算定额（第五册　通信工程）》（TZJ 2105—2018）

（25）《铁路工程概算定额（第六册　信号工程）》（TZJ 2106—2018）

（26）《铁路工程概算定额（第七册　信息工程）》（TZJ 2107—2018）

（27）《铁路工程概算定额（第八册　电力工程）》（TZJ 2108—2018）

（28）《铁路工程概算定额（第九册　电力牵引供电工程）》（TZJ 2109—2018）

（29）《铁路工程概算定额（第十册　房屋工程）》（TZJ 2110—2018）

（30）《铁路工程概算定额（第十一册　给水排水工程）》（TZJ 2111—2018）

（31）《铁路工程概算定额（第十二册　机务车辆机械工程）》（TZJ 2112—2018）

（32）《铁路工程概算定额（第十三册　站场工程）》（TZJ 2113—2018）

（33）《铁路工程估算定额（第一册　通信工程）》（TZJ 2201—2019）

（34）《铁路工程估算定额（第二册　信号工程）》（TZJ 2202—2019）

（35）《铁路工程估算定额（第三册　信息工程）》（TZJ 2203—2019）

（36）《铁路工程估算定额（第四册　电力工程）》（TZJ 2204—2019）

（37）《铁路工程估算定额（第五册　电力牵引供电工程）》（TZJ 2205—2019）

（38）《铁路工程估算定额（第六册　房屋工程）》（TZJ 2206—2019）

（39）《铁路工程估算定额（第七册　给水排水工程）》（TZJ 2207—2019）

（40）《铁路工程估算定额（第八册　机务车辆机械工程）》（TZJ 2208—2019）

3. 其他相关文件

（1）《新建铁路工程项目建设用地指标》（建标〔2008〕232 号）

（2）《铁路工程静态检测、联调联试、安全评估、运行试验等费用标准》（铁建设〔2010〕7 号）

（3）《油气输送管道与铁路交汇工程技术及管理规定》（国能油气〔2015〕392 号）

（4）《国家铁路局关于调整铁路工程造价标准增值税税率的公告》（国铁科法〔2018〕39 号）

（5）《国家铁路局关于下调铁路工程造价标准增值税税率的公告》（国铁科法〔2019〕12 号）

（6）《国家铁路局关于调增铁路工程造价标准编制期综合工费单价的通知》（国铁科法〔2021〕15 号）

（7）《国家铁路局关于调增铁路工程造价标准采用调查价格材料品类的通知》（国铁科法〔2022〕5 号）

5.2 动车运用所管理文件、规章

本节主要梳理出动车运用所各项设备设施的运营、管理规章制度。这些管理文件、规章中部分条款的要求，很大程度上依赖于动车运用所建设成果，因此也应在建设过程中加以重视。

1. 国铁集团文件、规章

本部分梳理的文件、规章也包括原铁道部、原中国铁路总公司及各部门下发的部分文件、规章，包括：

（1）动车组运用检修设施及设备配置标准；

（2）高速铁路反恐怖和治安防范标准（试行）；

（3）和谐系列动车组车轮超声波探伤规定；

（4）和谐系列动车组空心车轴超声波探伤规定；

（5）铁路动车组运用维修规则；

（6）铁路机车车辆专用设备管理办法（试行）；

（7）铁路技术管理规程；

（8）铁路建设项目后评价管理办法；

（9）铁路建设项目施工图审核管理办法；

（10）新建铁路项目运营安全评估办法；

（11）中国国家铁路集团有限公司高速铁路联调联试及运行试验管理办法；

（12）中国国家铁路集团有限公司铁路建设项目质量安全内部监督管理办法。

2. 中国铁路北京局集团有限公司文件、规章

本部分梳理了中国铁路北京局集团有限公司及各部门发布的涉及动车运用所前期建设、后期运营管理的相关文件规章，包括：

（1）中国铁路北京局集团有限公司提前介入铁路建设项目管理工作实施办法；

（2）北京铁路局高速铁路作业门管理办法；

（3）铁路建设项目房建专业静态验收工作流程；

（4）中国铁路北京局集团有限公司"小伙食团、小宿舍、小浴室、小卫生间、小文化（活动）室"管理办法（试行）；

（5）中国铁路北京局集团有限公司车辆部门提前介入铁路建设项目工作实施细则；

（6）中国铁路北京局集团有限公司车辆系统特种设备管理细则；

（7）中国铁路北京局集团有限公司道口管理办法；

（8）中国铁路北京局集团有限公司动车组运用检修设备管理规定；

（9）中国铁路北京局集团有限公司房建设备维修管理办法；

（10）中国铁路北京局集团有限公司高速铁路行车组织细则；

（11）中国铁路北京局集团有限公司高铁有关设备管理分工细则；

（12）中国铁路北京局集团有限公司互联网接入及使用管理办法；

（13）中国铁路北京局集团有限公司机械动力设备管理办法；

（14）中国铁路北京局集团有限公司建设物资采购实施细则；

（15）中国铁路北京局集团有限公司涉铁工程管理办法；

（16）中国铁路北京局集团有限公司涉铁工程审查、监管和验收管理办法；

（17）中国铁路北京局集团有限公司所属单位汽车配备使用管理办法；

（18）中国铁路北京局集团有限公司所属单位消防安全评估管理办法；

（19）中国铁路北京局集团有限公司特种设备管理办法；

（20）中国铁路北京局集团有限公司铁路基本建设项目前期工作质量评价实施细则；

（21）中国铁路北京局集团有限公司铁路建设项目房建设备移交管理办法；

（22）中国铁路北京局集团有限公司铁路外部环境安全管理办法；

（23）中国铁路北京局集团有限公司铁路线路防护栅栏加密网管理办法；

（24）中国铁路北京局集团有限公司铁路专用数字对讲设备暂行技术条件；

（25）中国铁路北京局集团有限公司物资管理办法；

（26）中国铁路北京局集团有限公司消防中控室标准化运维管理指导意见；

（27）中国铁路北京局集团有限公司消防中控室建设标准指导意见；

（28）中国铁路北京局集团有限公司新建铁路项目运营安全评估（预评估）实施细则；

（29）中国铁路总公司铁路建设项目技术交底管理办法。

3. 部分设备技术条件

本部分梳理了已经公布的部分动车运用所使用的动车组运用检修设备技术条件，有些是以标准性技术文件形式公布，有些是以企业标准形式公布，包括：

（1）便携式车轮车轴相控阵超声波探伤设备技术条件；

（2）车辆检修调车安全监控装置技术条件；

（3）车轮轮缘踏面外形测量仪；

（4）动车段（所）调车防护系统暂行技术条件；

（5）动车基地标识标准；

（6）动车运用所关键设备技术条件；

（7）动车组不落轮镟床暂行技术条件；

（8）动车组公铁两用牵引车技术条件；

（9）动车组检修作业安全联锁监控系统技术条件；

（10）动车组外皮自动清洗机技术条件；

（11）动车组用空心车轴超声波探伤设备（第 1 部分：自动式）；

（12）动车组用空心车轴超声波探伤设备（第 2 部分：便携式）；

（13）动车组运行故障图像检测系统（TEDS）探测站设备暂行技术条件；

（14）动车组运用所检查库轨道桥技术条件；

（15）动车组运用所牵车机设备技术条件；

（16）动车组运用所转向架更换设备技术条件；

（17）客车（动车组）运行故障图像监测联网应用技术要求；

（18）立体作业平台技术条件；

（19）铁道车辆滚动轴承故障轨边声学诊断系统探测设备（动车组）暂行技术条件；

（20）铁道车辆运行品质轨旁动态监测系统（TPDS）探测设备；

（21）铁路车号自动识别系统地面 AEI 设备技术条件；

（22）铁路站段真空卸污系统；

（23）移动式车轮超声波探伤设备技术条件；

（24）自动化立体仓库技术条件。

第6章

部分动车组运用检修设备简介

本章主要对动车运用所中使用的部分运用检修设备的适用范围、主要功能及技术参数等方面进行介绍。其中给出的照片中的设备，是编者参与建设的动车运用所中实际安装的设备。

笔者主笔编写的中国铁路北京局集团有限公司《动车组运用检修设备管理规定》中对于设备、设施、工具和工装给出了比较明确的定义：

设备：主要是指使用电力、燃料或压缩空气作为动力源，通过各种电气、气动元件、器件，以及程序控制等使机械部件完成特定动作，以实现动车组检修目标的达成，而自身没有任何除正常磨损以外消耗的装备。例如空心轴探伤机、不落轮镟床等。

设施：主要是指通过非动力方式实现动车组检修辅助手段的装备。例如动车组上水设施、压缩空气管路、库内照明等。

工具：主要是指市场中正常销售的，用于拆、装动车组部件的通用标准器具。办公用具、生活用具、对讲机、设备配件等不包含在内。

工装：主要是指根据动车组某一特定检修工序而专门定制的，只适合于该工序使用的非标准器具。

鉴于设施、工具、工装的工作原理、功能较简单，本章仅重点对动车组运用检修中使用的部分设备进行介绍。

6.1　踏面及受电弓检测棚

本节主要介绍动车运用所入所处设置的车轮故障在线检测系统、受电弓及车顶状态动态检测系统，以及动车组一级修综合检测系统。

1. 车轮故障在线检测系统

1）设备适用范围

该系统适用于各型动车组车轮外形几何尺寸、车轮踏面擦伤和车轮轮辋内部缺陷的通过式在线检测。该系统可实现动车组入库方向检测，为动车组一、二级修中的轮对相关项目检修提供初始依据。

2）设备照片

该系统分为在线检测区、轨边机房和远程监控三部分，其中在线检测区由尺寸测量单元、擦伤检测单元和轮辋探伤单元构成，依次安装在动车运用所入所线上[①]，如图 6-1～图 6-3 所示。

图 6-1　LY-80 型动车组车轮故障在线检测系统的尺寸测量单元

---

① 车轮故障在线检测系统的三个组成部分可以按照不同顺序进行布置安装。一般情况下，将尺寸测量单元布置在中间，原因是该单元采用激光光截法实现，安装在中间，可以最大限度地利用检测棚遮挡自然光，减小误差。而擦伤检测单元置于入所检测方向最先检测位置，有利于调直转向架，同时可以更好地保护擦伤检测单元中各超声波探头。

图6-2 LY-80型动车组车轮故障在线检测系统擦伤检测单元

图6-3 LY-80型动车组车轮故障在线检测系统轮辋探伤单元

3）设备功能介绍

动车组车轮故障在线检测系统运用光截图像检测技术、高精度位移测量技术和超声波阵列探伤技术，动态检测入库动车组轮对外形尺寸、踏面擦伤和轮辋内部缺陷。

轮对外形尺寸自动检测功能可以实现踏面磨耗、轮缘厚度、QR值、车轮直径、轮对内距等的检测；车轮擦伤检测功能可以实现擦伤深度自动检测；车轮缺陷自动探伤功能可以实现轮辋径向、周向裂纹及轮缘顶部至根部径向裂纹自动检测。

另外，车轮故障在线检测系统具有探伤检测耦合水自动喷洒功能，具有绘制轮对外形检测曲线并与踏面标准外形进行比较显示功能，具有A扫、B扫、轮饼图探伤波形显示、存储及回放功能。

车轮故障在线检测系统的各项检测结果可存储、查询、统计、对比、打印，具有超限报警显示功能，能自动生成缺陷检测报告，自动绘制缺陷分布图；具备数据联网管理功能，可对检测出的数据进行分析、判断、汇总和统计。

4）设备主要技术参数

适应车速：8～12 km/h 匀速（推荐10 km/h）；[①]

踏面磨耗检测精度：±0.2 mm；

轮缘厚度检测精度：±0.2 mm；

QR值检测精度：±0.4 mm；

车轮直径检测精度：0.5 mm；

轮对内距检测精度：±0.6 mm；

踏面擦伤深度检测精度：±0.2 mm；

轮辋径向缺陷检测能力：踏面30 mm以下，ϕ3 mm×100 mm横孔当量缺陷；

轮辋周向缺陷检测能力：滚动圆踏面20 mm以下，长轴40 mm、短轴30 mm平底椭圆当量缺陷；

轮缘径向缺陷检测能力：轮缘顶部至根部5 mm深刻槽当量缺陷。

---

① 当前已经研制出适合以时速30 km通过的动车组车轮故障在线检测系统，可以大大缩短进入所咽喉区通过占用时长，提升动车运用所吞吐能力。但笔者认为，检测棚长度（含硬化区域）为50 m左右，动车组长度为210 m（短编组动车组）或420 m（长编组或重联动车组），以平均10 km/h的速度通过时，需时2 min或4 min，如果以30 km/h的速度通过也只是减少到1 min左右。但高速通过对接触式探头和擦伤杆的磨损却远大于低速通过，因此建议首选低速型设备。

2. 受电弓及车顶状态动态检测系统

1）设备适用范围

该系统适用于各型动车组受电弓滑板磨耗及中心线偏移、受电弓接触位工作压力的通过式在线检测。该系统可实现动车组入库方向检测，为动车组一、二级修中的受电弓相关项目检修提供初始依据，并能够对车顶关键部件状态进行可视化观测，有效预警动车组受电弓及车顶故障。

2）设备照片

该系统分为在线检测区、轨边机房和远程监控三部分，其中在线检测区由滑板磨耗检测单元、弓网压力检测单元和车顶设备状态检测单元构成，依次安装在动车运用所入所线接触网及两侧[①]，如图6-4～图6-6所示。

图6-4　SJ-380型动车组受电弓及车顶状态动态检测系统

---

① 一般情况下，将弓网压力检测单元设置于检测棚中间，这主要是为了在车体进入直线段线路最中间时弓网正压力的检测误差最小；而受电弓滑板磨耗是通过图像分析法检测的，当受电弓位于检测棚中间时，采集摄像头处于一定距离外，可以拍摄到最佳图像。

图 6-5　SJ-380 型动车组受电弓及车顶状态动态检测系统滑板磨耗及
车顶设备状态检测单元

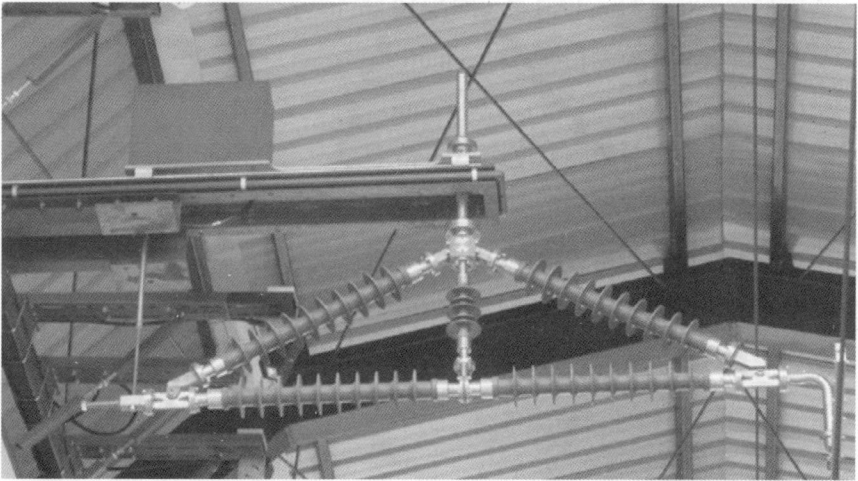

图 6-6　SJ-380 型动车组受电弓及车顶状态动态检测系统弓网压力检测单元

3）设备功能介绍

受电弓及车顶状态动态检测系统采用图像分析测量技术和智能传感技术，在线动态检测入库动车组受电弓关键特性参数，提供对车顶关键部件、车顶异物的可视化观测。

（1）采用动态非接触式图像测量技术，实现自动分析处理并记录受电弓滑板磨耗值和中心线偏差值功能。

（2）采用杠杆原理，自动动态检测并记录受电弓工作位与接触网之间的接触压力值。

另外，受电弓及车顶状态动态检测系统还具有以下功能：

（1）车顶异物及车顶关键部件状态可视化观测及判断、大屏幕实时显示、存储及不同速度回放监控视频功能；

（2）提供检测项目的图像和数据报表输出，检测结果查询、统计、综合分析、打印、故障预警和数据共享管理功能；

（3）通过对历史数据的综合分析，总结受电弓的磨耗规律，绘制磨耗趋势图，预测受电弓滑板到限时间。

4）设备主要技术参数

适应车速：8～12 km/h 匀速（推荐 10 km/h）；[①]

受电弓滑板磨耗检测精度：±0.5 mm；

受电弓滑板有效检测长度：1 000 mm；

受电弓中心线偏差检测精度：±3 mm；

受电弓中心线偏差检测范围：±400 mm；

受电弓工作位接触压力检测精度：±3 N；

受电弓工作位接触压力检测范围：0～200 N；

车顶异物及车顶关键部件观测分辨率：3 mm。

3. 动车组一级修综合检测系统

1）设备适用范围

该系统安装在动车组入所线踏面及受电弓检测棚内，对通过的动车组车轮踏面缺陷、闸片厚度及状态、车顶可视部件（受电弓、绝缘子、空调机组盖、车顶螺栓、避雷器、天线等）、车底可视部件（车体底部及转向架制动装置、

---

① 与车轮故障在线检测系统相同，目前已经研制出适合以时速 30 km 通过的动车组受电弓及车顶状态动态检测系统。

传动装置、牵引装置、轮轴、车钩装置、电务车载设备车底部件及车底部其他可视部位）、车侧可视部件（侧部裙板、转向架及轴箱、车端连接部、车体车身、车窗、风挡等）动态检测，对关键部件缺失、变形、异物等异常情况自动预警，并能够对牵引电机冷却风机、牵引变流器冷却风机、换气装置风机、空调风机等异音故障进行自动检测[①]。

2）设备照片

图 6-7～图 6-9 分别是部分一级修综合检测系统的检测模块。

图 6-7　一级修综合检测系统车顶检测单元与受电弓及车顶状态动态检测系统

弓网压力检测单元

----

① 一级修综合检测系统所具有的这些功能都是以模块形式"叠加"在一起的，对于资金不足的工程项目，可以有选择地安装。

图6-8　一级修综合检测系统闸片及踏面检测单元

图6-9　一级修综合检测系统车侧检测单元

3）设备功能介绍

该系统采用在线动态检测方式，无需停车，无需解体轮对。

该系统采用人工智能、神经网络等机器自主学习算法，实现完整踏面区域的擦伤、剥离、硌伤等典型缺陷的自动识别和预警。人工回放复查时，该系统具有图像放大功能，具有图像化检测视图分析、缺陷定位、直观判别缺陷及自动识别、定位车号和轴号功能。

该系统具有闸片缺失检测、剩余厚度测量、磨耗趋势预警功能，可自动采集各型动车组闸片的高清图像。采用图像特征模式识别技术，对闸片区域进行识别并计算闸片剩余厚度，判断闸片缺失情况并进行自动报警提示。采用大数据分析方法，自动展示闸片磨耗趋势，根据不同车型闸片磨损限值，实现闸片剩余厚度分级预警。

该系统具有自动采集动车组车顶受电弓①、绝缘子、空调机组盖板、车顶螺栓、避雷器、天线等车顶可视部件，车体底部及转向架制动装置、传动装置、牵引装置、车轴、车钩装置、车底电务设备部件等车底可视部件，车体车身、车窗、风挡、侧部裙板、转向架及轴箱、车端连接部等车侧可视部件高清图像的功能，可在同一检测工位获取覆盖车体全景的高清图像，并对异常情况进行自动报警。具备车底走行部及车侧转向架可视部件三维图像自动监视功能，可自动采集车底走行部及车侧转向架可视部件的三维结构数据，通过三维重建技术实现走行部可视部件三维数据重建及三维图像展示，排除水渍、污染、人工划痕、脱漆等情况对自动检测识别的影响，降低误报率。

该系统具有自动判别牵引电机冷却风机、牵引变流器冷却风机、换气装置风机和空调风机等风机异响类故障及异常的功能，可自动预报风机故障车辆的车号和轴位，跟踪故障风机的发展趋势，具有分级报警、历史数据对比、故障查询统计、自动生成报表等功能。

该系统能够与车轮故障在线检测系统、受电弓及车顶状态动态检测系统共享数据，进行关联分析，实现对接触式擦伤报警结果的图像验证，提高检修效

---

① 由受电弓及车顶状态动态检测系统实现受电弓状态检测。

率；自动统计输出通过车信息报表、动车组信息报表、故障信息报表、动车组故障报告、系统发现故障排名报表、动车组运行故障日报表和故障按部件统计报表等，对系统的运行情况进行统计分析，并提供报表截图证明。

该系统具有自检和远程维护及监控功能，具备抗自然光干扰的能力，可根据外界环境变化，实现相机自适应曝光时间调节，以达到最好的图像效果；具备灰尘、水雾自清洁功能；具备抗雾雨雪、沙尘及阳光干扰功能；轨边采集箱具备温度自动监控功能、自主加热功能、自主散热功能，可保障各采集单元工作稳定；沉箱具备积水保护装置，具备防雷、防大电流冲击、抗电磁干扰等功能。

4）设备主要技术参数

踏面图像分辨率：0.6 mm；

踏面缺陷尺寸测量精度（圆周方向长度×轮轴方向宽度）：20 mm×10 mm；

闸片剩余磨耗检测精度：±1 mm；

车顶可视区域图像监测分辨率：≤1 mm/px；

车体、车窗可视区域图像分辨率：≤1 mm/px；

车底走行部二维图像监测分辨率：≤1 mm/px；

车侧走行部二维图像监测分辨率：≤1 mm/px；

车底走行部三维图像监测分辨率：±5 mm；

车侧走行部三维图像监测分辨率：±5 mm；

频率响应：20～20 kHz；

动态范围：16～134 dB。

6.2 存 车 线

动车运用所内存车线除具备存车功能外，还可以利用每束存车线间的消防通道（4 m 宽）实现室外移动卸污作业，也就是使用移动卸污车对消防通道两侧存车线上的动车组进行卸污作业。一般情况下，在存车线上进行卸污作业的动车组为不需要进入检查库进行一级修检修作业的动车组。存车线上的主要设备是移动卸污车，下面对其进行简单介绍。

1. 移动卸污车适用范围

移动卸污车适用于在存车场等室外硬化地面区域各型动车组及普速客车污物箱内污物的抽吸作业。

2. 移动卸污车照片

图 6-10 是移动卸污车。

图 6-10　移动卸污车

3. 移动卸污车功能介绍

移动卸污车由取力器、传动轴、真空卸污泵、压力罐体、液压部分、管网系统等组成。罐体可后开、双顶自卸。罐内污物可通过后盖直接倾倒，也可通过排污管定向排放到化粪池中。

4. 移动卸污车主要技术参数

总质量：7 360 kg；

罐体容积：4.19 m³；

额定载质量：3 200 kg；

外形尺寸：5 995 mm×1 990 mm×2 550 mm；

整备重量：4 030 kg；

轴距：3 308 mm；

驾驶室准乘人数：2 人；

最高车速：110 km/h；

接近角/离去角：27.7°/13°。

6.3 检 查 库

检查库是动车运用所中实施检修作业项目最多的场所，因此检查库内除设置动车组检修、检测设备外，还需要设置作业监控设备和作业辅助设备。

1. 安全联锁监控系统

1）设备适用范围

安全联锁监控系统是检查库内最主要的监视作业安全、控制防护设备运行的设备，用于动车组出入库的安全指示及监控，通过电气联锁实现接触网供断电的安全操作，对利用立体作业平台进行动车组登顶检修作业的人员进行安全防护和监控。

2）设备照片

设备照片如图 6-11～图 6-13 所示。

图 6-11　安全联锁监控系统

图 6-12　安全联锁监控系统隔离开关远程控制柜

图 6-13　安全联锁监控系统车顶监控摄像头

3）设备功能介绍

安全联锁监控系统以 PLC 网络控制系统为核心，主要由计算机控制与显示单元、门禁控制单元、色灯信号引导单元、安全警示单元和视频监控单元等五大部分构成，主要功能有：

（1）能实现各型动车组出入库运行安全引导及视频监视；

（2）能控制检查库内接触网供断电作业的安全操作卡控，紧急情况下具备一键断开接触网隔离开关功能；

（3）能对动车组登顶检修作业人员进行安全防护和监控，与接触网断电、摘挂接地杆作业形成联锁控制，确保作业人员人身安全；

（4）能实时显示检查库内各股道列位动车组占用、接触网隔离开关分合闸、接地杆摘挂，以及三层作业平台安全门及渡板、检查库大门等设备设施状态和登顶作业人数，实时记录各项操作；

（5）配置有光电隔离及电源管控模块，可实现对接触网隔离开关本地操作电动机构状态信号进行光电隔离，并对隔离开关电动机构电源进行管控。

4）设备主要技术参数

（1）LED 红/白两色信号灯配置：

供电电源：AC 220 V（1±10%）；

外形尺寸（带裙边）：816 mm×466 mm；

单色灯发光面直径：300 mm；

显示距离：≥250 m。

（2）LED 显示屏：

供电电源：AC 220 V（1±10%）；

外形尺寸：690 mm×370 mm；

显示距离：≥250 m。

（3）摄像头，有以下两种类型：

① 检查库内外全天候高清数字网络球型摄像机：悬吊式安装，200 万像素/720P，36 倍光学变焦，宽动态，后焦调整，支持高低双码流，支持 TCP/IP、ONVIF 协议，带加热功能。

② 枪型摄像机：200 万像素/720P，支持 POE 供电，宽动态，后焦调整，支持高低双码流，支持 TCP/IP、ONVIF 协议。

（4）网络硬盘录像机。

① 单台网络硬盘录像机最大视频接入带宽为 200 Mbps，可接入 64 路单路 4 MB/720P 25 帧数字视频，支持 ONVIF、PSIA/RTSP，以及主流厂商协议、4 路报警输出。

② 单台网络硬盘录像机最大接入 8 个盘位 SATA 硬盘，录像数据不少于 30 天。

③ 单台网络硬盘录像机支持 16 路 720P 同步回放，支持 RAID0、RAID1、RAID5 备份，具备双千兆网卡，支持网络容错、负载均衡功能。

（5）交换机，有以下两种类型：

① 接入交换机：具有 8 个 RJ–45 接口、1 个光纤接口；支持单模光纤传输；

支持符合 IEEE 802.3 10Base–TX 标准、IEEE 802.3u 100Base–TX 标准、IEEE 802.3u 1000Base–TX 标准。

② 汇聚交换机：具有 8 个 RJ–45 接口、1 个光纤接口；RJ–45 接口具备 10/100/1000 Mbps 自适应功能；支持单模或多模光纤传输。

2. 立体作业平台

立体作业平台是检查库内最主要的检修作业辅助设备，包括地面走行部层、车门车窗层、车顶层的三层立体作业面，可以覆盖动车组各高度范围内的作业需求。

1）设备适用范围

立体作业平台位于检查库内，是沿轨道桥方向，在动车组单侧或双侧构建的车门车窗层和车顶层立体作业通道。

2）设备照片

设备照片如图 6–14、图 6–15 所示。

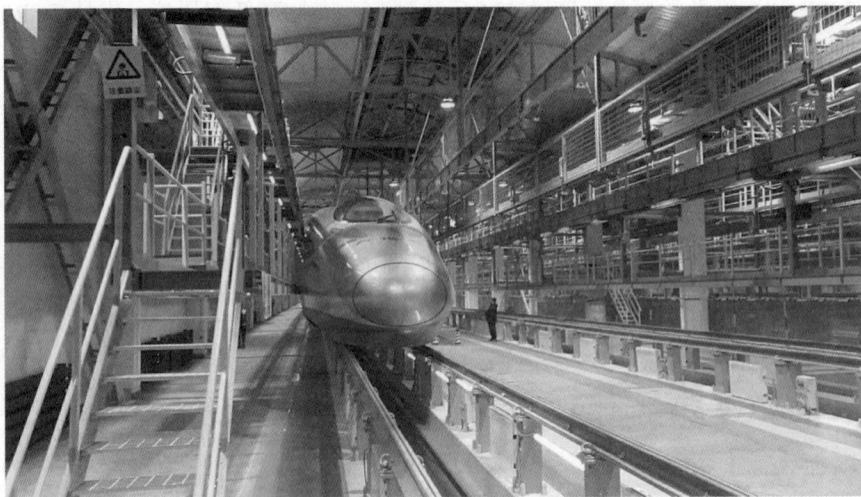

图 6–14　单侧立体作业平台（固定在检查库主库支柱上）

图 6-15　立体作业平台无平台侧护网（两股道间）

3）设备功能介绍

二层平台（车门车窗层）为车体内外设备的检查、检修和车内物品整备、消耗品补充等作业，提供便捷的人流和物流通道，同时适应各型动车组内部地板高度要求。二层平台与车门边缘缝隙小，满足作业人员安全进出要求。

二层平台活动链条栏杆可适应各型动车组车门要求。动车组停稳后，作业人员可将对着车门的链条一端摘下，挂到另一端链条柱的扣环上。动车组检修完成出库前，再将对应车门的链条恢复到初始状态，确保链条不会挂碰车体。

沿轨道桥方向每隔 50 m 左右，相邻两股道的二层平台之间设置有横向货台通道，两侧设有物品托盘存放台。

二层平台底部踏板采用钢格板，可提高底层工作面的通透性和采光。二层平台底面距地面高约 2.1 m，为一层（走行部层）车体两侧和转向架等设备检查提供条件。

三层平台（车顶高度层）设置气动翻板，可与车顶直接搭接，确保作业人员在车顶区域的作业安全。

立体作业平台能与检查库内安全联锁监控系统对接，三层平台翻板收放状态电气信号可通过控制模块与安全联锁监控系统实现通信联络。

4）设备主要技术参数

立体作业平台几何尺寸满足车体三层工作面要求，符合机车车辆限界要求，具体如下：

（1）二层平台宽 0.8 m，承受最大均布载荷为 2 kN/m²。

（2）二层平台货台顶面标高为轨面以上 1.5 m，货台底平面距地面高约为 2.3 m，便于移动设备和小型运输器具作业和通过。双侧货台承重最大约为 20 kN，单侧货台最大承重约为 10 kN，满足车体整备物品更换需要。

（3）三层平台翻板驱动风压≥600 kPa，每股道耗风量<0.6 m³。

（4）三层平台踏板标高为轨面以上 3.8 m，平台宽 0.8 m。三层平台邻车顶一侧翻板杠杆外边缘距车体中心水平距离≥1 770 mm。

（5）三层平台允许承受最大均布载荷为 1.5 kN/m²。平台纵梁最大挠度为模块长度的 1/400。三层平台出厂前预制上拱度约为 8～12 mm。

（6）三层平台翻板最大下翻角度为 90°，当检查 CRH_5 型动车组时，翻板与车顶密贴，其水平角度约为 18°，可以适应人员登顶作业要求。

（7）二层平台和三层平台安全护栏高度为 1.3 m，安全网栏底面标高为轨面以上 3.72 m。

5）设备图纸

图 6-16 给出的是四线检查库立体作业平台截面图。

单位：m

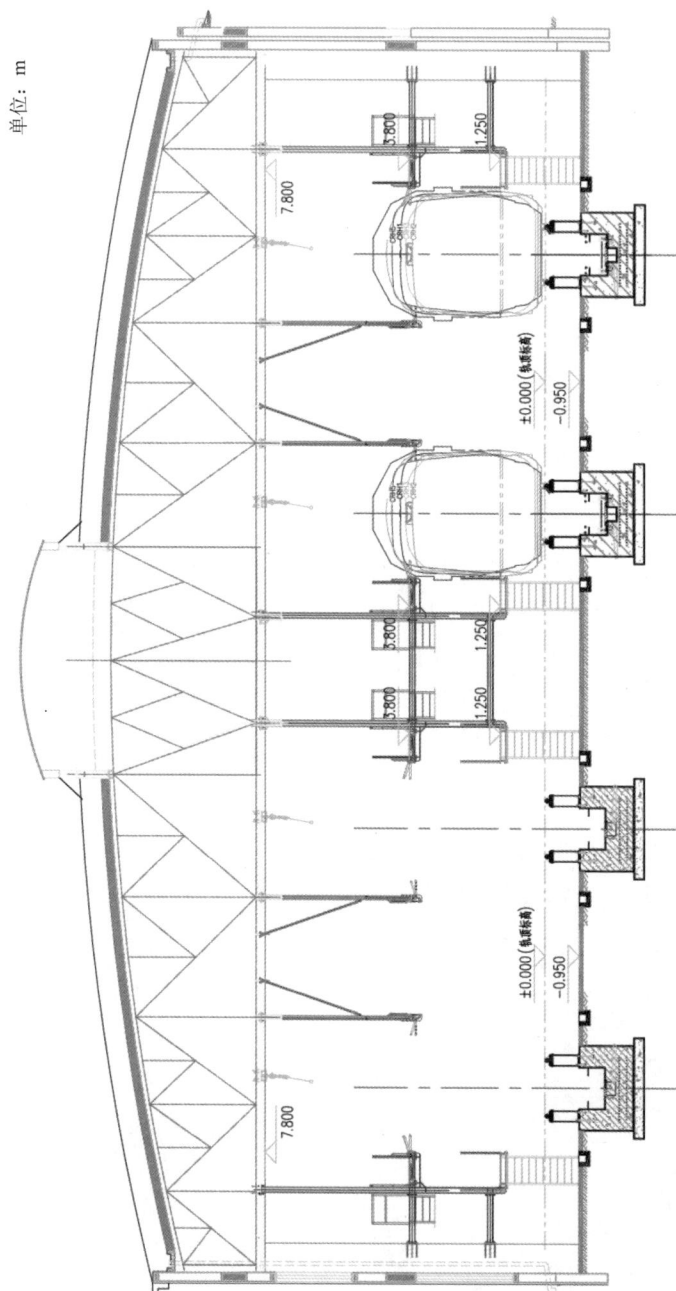

图 6-16 四线检查库立体作业平台截面图

3. 真空卸污系统

1）设备适用范围

动车运用所检修库中的真空卸污系统主要是固定式真空卸污系统，适用于各型动车组及普速客车污物箱内污物抽吸及排放作业。

2）设备照片

设备照片如图6-17～图6-20所示。

图 6-17　凸轮泵式真空卸污系统主机组

图 6-18　凸轮泵式真空卸污系统主机组内部结构

图 6-19 真空卸污单元箱（室外地上型）

图 6-20 真空卸污系统卸污单元箱内部结构

3）设备功能介绍

在线凸轮泵式真空卸污系统由真空机组、卸污冲洗单元、真空管道等组成，各部分的功能如下：

（1）真空机组：具有维持系统真空度、排污、指示、自动化控制等功能。

（2）卸污冲洗单元：由绕盘、支架、轴承、支座、真空软管、快速接头、球阀、旋转密封装置、电动控制装置等组成[①]，可集成或独立装配，用于快速抽吸集便器污物到真空管路。冲洗装置由冲洗软管、球阀、快速接头等组成，与卸污单元集成，具有冲洗集便器污物箱的功能。

（3）真空管道：由高密度聚乙烯 PE 管材、接头管件及阀部件电、热熔连接，用于连接卸污冲洗单元与真空机组。

4）设备主要技术参数

抽吸面最大真空度：-80 kPa；

产生的最大排污压力：140 kPa；

抽吸能力：2×160 m^3/h 或 2×280 m^3/h；

机组功率：2×22 kW 或 2×30 kW；

可通过固体物直径：$\leqslant\phi60$ mm（毛巾等软性介质均能抽吸）；

系统工作真空度范围：$-65\sim-30$ kPa，可调节设定；

系统真空度从设定下限恢复至上限时间：$\leqslant3$ min；

机组转速：1 450/540 r/min；

卸污快速接头：2.5″ D 型阴端接头；

卸污单元软管：DN50、PVC 加强衬耐真空软管，承压$\leqslant-100$ kPa；

卸污软管工作半径：$\geqslant10$ m。

4. 移动式轮辐轮辋探伤机

1）设备适用范围

移动式轮辐轮辋探伤机适用于对停放在检查库轨道桥上的各型动车组轮对的轮辐轮辋周向、径向、轴向、斜向缺陷进行自动检测，对车轮实施精细化、自动化、高效扫查，有效预警动车组车轮缺陷。

---

① 在实践中发现，检查库内地面排水、车体外皮清洗废水等流入卸污冲洗单元，会造成单元箱内绕盘、轴承等部件锈蚀严重，导致维修的人力、财力、物力成本增大，因此很多动车运用所将单元内的盘、管机构拆除掉，仅保留卸污软管。在编制真空卸污系统技术规格书时，应考虑此种情况，减少不必要的需求和投资。

2）设备照片

设备照片如图 6-21～图 6-23 所示。

图 6-21　移动式轮辐轮辋探伤机（双机械臂）

图 6-22　移动式轮辐轮辋探伤机样轮及随动小车

图 6-23　移动式轮辐轮辋探伤机顶轮探伤

3）设备功能介绍

该设备的功能是：动车组在不落轮状态下，不拆卸撒砂管、排障器及其他配件，对整车轮对的轮辐轮辋缺陷进行精细化、自动化扫查。该设备能自动检测轮缘区域疲劳缺陷；能自动检测一次声束所能覆盖的轮辐区域的周向、径向、轴向、斜向疲劳缺陷；能自动生成缺陷检测报告，能自动绘制缺陷分布图；具备 A 扫、B 扫和条带图显示功能。

该设备还具备检测结果存储、查询、统计、对比、打印及数据联网管理功能，可切换到手动模式对整体或部分区域进行二次复核检测。

4）设备主要技术参数

检测时间（含缺陷分析时间）：≤10 min/轮对；

探测角度：0°~80°；

转轮速度：三档可调；

单个相控阵探头芯片数量：≥16；

质量：<3 t；

长（沿钢轨方向）：5 200 mm（沿钢轨方向）；

宽（沿地沟宽度方向）：最窄处 600 mm，最宽处 1 120 mm；

高（沿地沟深度方向）：1 580 mm。

5. 移动式空心轴探伤机

1）设备适用范围

移动式空心轴探伤机适用于各型动车组空心车轴超声波探伤作业，可从空心车轴内表面对轴身各部位进行内部缺陷探测。

2）设备照片

设备照片如图 6-24 所示。

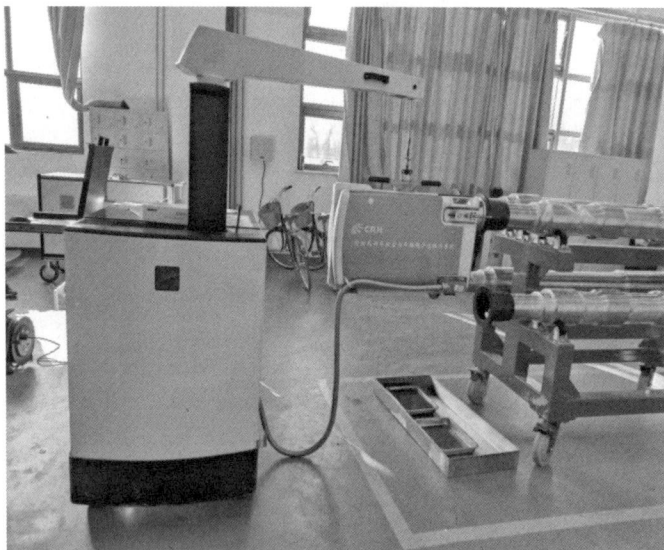

图 6-24　移动式空心轴探伤机

3）设备功能介绍

该设备可探测空心车轴外表面的横向（周向）缺陷和车轴内部的缺陷；可探测车轴外表面的纵向（轴向）缺陷和车轴内表面的横向（周向）缺陷；能自动生成缺陷检测报告，自动绘制缺陷分布图；具备 A 扫、B 扫和条带图显示功能；能够真实反映车轴各部位和各形状的回波反射，保证数据的完整性。

该设备还具备检测结果存储、查询、统计、对比、打印及数据联网管理功能，可切换到手动模式对整体或部分区域进行二次复核检测。

4）设备主要技术参数

可检测空心轴孔径：ϕ30～110 mm[①]；

设备探测中心高度：360～1 500 mm[②]；

探头中心频率：4 MHz；

最大检出灵敏度：深度 0.5 mm（裂纹长度 ≥10 mm）[③]；

扫描模式：螺旋形状（0°～360°圆周，轴向 1～10 mm 步进可调）；

扫描转速：0～150 r/min；一般状态下探测器移动速度为 5 mm/r，扫描转速为 60 r/min；

缺陷定位精度：轴向移动±2 mm，周向旋转±1°；

频带宽：0.5～15 MHz；

工作噪声：≤60 dB；

走行机构移动速度：≤4 km/h；

采用油耦合方式，耦合剂由油泵通过油管均匀地涂覆在空心车轴内孔壁上，耦合液流量的大小可调节，同时具有耦合剂过滤回收功能。

6. 动车组一级修车底检测机器人

1）设备适用范围

该设备适用于对各型动车组车底、车侧及转向架关键部件的丢失、变形、异物、尺寸超限等异常情况进行自动检测及智能识别。

2）设备照片

设备照片如图 6-25、图 6-26 所示。

---

① CRH₁ 型动车组 ϕ60 mm，CRH₂ 型动车组 ϕ60 mm，CRH380A/AL 型动车组 ϕ60 mm，CRH380B/BL 型动车组 ϕ30 mm，CRH₃ 型动车组 ϕ30 mm，CRH₅ 型动车组 ϕ65 mm。

② 设备具有检测中心位置上下调整的功能，能够根据不同车轴的工作位置调整探杆高度。

③ 可以对不同区段设置不同的检测灵敏度，可以设置深度补偿。

图 6–25　动车组一级修车底检测机器人

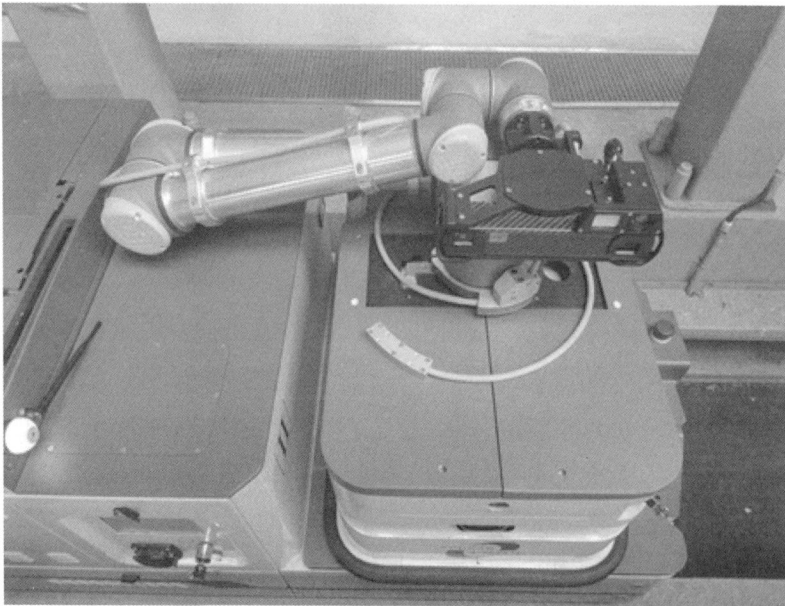

图 6–26　动车组一级修车底检测机器人（车侧 AGV）

3）设备功能介绍

该设备采用 AGV 小车、六轴机械臂及高精度图像采集模块，自动采集车底、车侧部件及转向架关键部件高分辨率二维及三维图像，并通过深度学习、三维重构等技术，实现动车组一级修车底及转向架关键部件丢失、变形、异物、尺寸超限等异常情况的自动检测及智能识别。

（1）车底板快速图像扫查：通过高速高分辨率图像进行动车组车底快速平面扫查，对车底板螺栓丢失、螺钉防松、铁丝脱落、车底异物、底板变形进行自动识别。

（2）车底关键部件多角度检测：通过机器人实现车底部件多角度拍摄功能，对齿轮箱、牵引电机、车轴、轴/轮装制动盘、撒砂装置、转向架构架等多部件进行自动检测，具备关键部件丢失、螺栓松动、异物、齿轮箱漏油、防松铁丝断裂等检测能力。

（3）车底关键参数测量：具备排障器、扫石器、撒砂管距离轨面高度，以及闸片厚度、研磨子厚度、齿轮箱油位等测量功能。

（4）快扫、精扫 3D 展示功能：具备快扫、精扫 3D 展示功能，可以在浏览器–服务器（B–S）架构报表平台进行查看。

4）设备主要技术参数

适应车型：各型动车组库内一级修车底、车侧检查作业；

外形尺寸：长（沿钢轨方向）：3 020 mm；

宽（沿地沟宽度方向）：850 mm；

高（沿地沟深度方向）：1 400 mm；

检测技术指标及精度：二维图像分辨率 0.25 mm/像素；

检测时间：45 min/8 编组；

续航时间：大于或等于 4 h（满足 4 个短编组的检测）。

7. 立体仓库

1）设备适用范围

立体仓库适用于各型动车组小型配件的立体空间存储。

2）设备照片

设备照片如图 6-27 所示。

图 6-27　动车组配件立体仓库

3）设备功能介绍

该设备由有轨巷道堆垛起重机、货架、托盘/货箱、出入库输送系统、管理和监控系统组成，可以实现人工寻址/人工装取、自动寻址/人工装取、自动寻址/自动装取三种方式取送配件。

（1）人工寻址/人工装取方式：由人工操作堆垛机直接取出货架上的动车组配件，然后由人工装货或从货架中取货。

（2）自动寻址/人工装取方式：堆垛机按输入的指令自动寻址认址，运行到预定货位后，自动停住，然后由人工装货或从货架中取货。

（3）自动寻址/自动装取方式：按操作人员的指令或按计算机出入库指令进行自动操作。

4）设备主要技术参数

（1）堆垛机主要技术参数：

走行速度：3～120 m/min；

升降速度：3～40 m/min；

伸叉速度：3～20 m/min；

走行停止精度：±5 mm；

升降停止精度：±5 mm；

货叉停止精度：±2mm；

堆垛机噪声：≤75 dB；

供电方式：滑触线；

堆垛机控制方式：手动模式、单机模式、联机模式。

（2）货架主要技术参数：

巷道数量：双巷道；

堆垛机数量：1台/巷道；

托盘载荷：≥1 000 kg。

6.4 临 修 库

1. 不落轮镟床

1）设备适用范围

不落轮镟床适用于各型动车组单条轮对（单轴）、同一转向架的两条轮对（双轴），在解体（带轴箱）或不解体的状态下，对轮缘和踏面仿形进行车削加工，同时可满足轮对踏面等效锥度及多边形等多项参数检测需求。

2）设备照片

设备照片如图 6-28～图 6-31 所示。

图 6-28　四轴不落轮镟库内的两台双轴不落轮镟床

图 6-29　双轴不落轮镟床

图 6-30　单轴不落轮镟床

图 6-31　不落轮镟床基坑内部（操作区域）

3）设备功能介绍

该设备的轴距和转向架调整及锁紧装置具有设备中心自动微调移动功能，满足匹配各型动车组转向架轴距及间距实际公差的需求；具有轮对自动对位功能，可沿轨道方向自动调整相对基准位置，调整位移不小于±50 mm。该设备以轴箱三点定位方式实现在不拆卸轴箱的情况下轮对位置锁定，下压装置配备可更换的轴箱夹具，以适用于各型动车组轮对踏面的自动镟修，并可实现转向架小裙板距离轴箱较近的特殊情况下轮对的加工。该设备具备轮对踏面支撑抬起，同时驱动轮对旋转功能，主驱动液压回路采用伺服比例阀控制，可根据被加工动车组的轴重，自动调节主驱动的抬升力，确保轮对轴承箱在定位时的受力为设定的安全值（≤50 kN）。轮对自动抬平功能可实现左右加工轴线高度差不超过1 mm，轴线的抬平功能被编入加工程序，可在非人为干预的情况下自动完成。该设备具有安全保护控制功能，配置有双侧工作状态安全指示灯、与机床动作联锁的安全防护门、活动导轨到位自动锁定机构。

该设备还可在加工前后进行轮对全尺寸测量并显示、保存相应信息。全尺寸测量系统为六轴（单侧三轴）自动测量装置，能够测量被加工轮对轮廓的全尺寸数据，实现自动对刀、自动定心切削。

测量直径时，盘式测量轮抵住轮对滚动圆处，并跟随轮对同步旋转，通过测量轮对的周长计算出轮对直径。

测量内侧面时，可弹性压缩的平面圆盘式测量轮始终贴靠轮对内侧面，在轮对旋转的状态下测量内侧面全圆周的跳动量，确保获得较精确的跳动值。

测量轮廓磨耗时，盘式测量轮始终抵住轮对轮廓，在轮对旋转的同时，由轮缘顶部向轮对外侧移动，可连续无间断扫描式地测量轮对踏面轮廓。

所有测量头在轮对旋转的情况下与轮对受力接触，保证测量结果不受踏面表面质量、污染物影响，确保测量数据精准。

踏面轮廓与径跳量的测量采用连续方式进行，踏面轮廓（含轮缘最高点）输出点间距沿轴向不大于 0.2 mm，径跳函数输出点相位间隔不大于 0.5°。

该设备具有分区加工功能，能够根据轮廓的实际状况选择加工区域。设备加工程序将轮缘和踏面分为 6 个区，根据轮廓的实际状况和各区域的加工量选择加工区域，减少不必要的车削空行程。

采用可更换式车轮专用加工刀具，具有良好的断屑效果，并配备碎屑器及密封的铁屑收集装置，满足《金属切削机床 通用技术条件》（GB/T 9061—2006）规定。

该设备具有切削防滑功能，在切削打滑（卡死）时能自动退刀或停机；具有切削断点返回和断电自动退刀功能；具有防误操作和加工执行异常报警功能。

该设备液压系统符合《液压传动系统及其元件的通用规则和安全要求》（GB/T 3766—2015）和《液压元件通用技术条件》（GB/T 7935—2005）的要求，进出油口设置防堵报警功能。

该设备不落轮镟床的润滑功能符合《机床润滑系统》（GB/T 6576—2002）的要求。

该设备电气柜具备恒温除湿、防尘功能，符合《电气设备安全设计导则》（GB/T 25295—2010）相关规定。

该设备具备噪声控制，废烟、废气处理功能。

该设备满足通用机床精度要求，符合《金属切削机床通用技术条件》（GB/T 9061—2006）、《机械电气安全 机械电气设备 第一部分：通用技术条件》（GB/T 5226.1—2019）相关规定。

该设备配置标准轮对，用于机床的校验和标定；具有工作日志功能，能够全程记录 PLC、MMC、NC 故障信息等数据，能够记录设备动作、状态及人工操作输入输出等数据；具有数据打印、记录、存储及输出功能。

4）设备主要技术参数

额定功率：≤100 kW（单轴），≤200 kW（双轴）；

工作电源：30 V（1±10%），（50±1）Hz 交流（动力）；

加工时间[①]：≤35 min/轮对（单轴），≤40 min/转向架（双轴）；

单刀加工时间：≤12 min；

---

① 时间按 2 刀切削和 2 次测量计。

最大切削深度（单刀）：≥5 mm；

全尺寸测量时间：≤2.5 min；

车轮直径加工范围：50～1 300 mm；

轮辋宽度加工范围：120～155 mm；

可适用的车辆轴距范围（双轴）：2 200～3 500 mm；

适用轴重范围：≤25 t；

同一车轴轮径差：≤0.15 mm；

同一转向架轮径差：≤0.30 mm；

径向跳动量：≤0.10 mm；

踏面轮廓几何偏差：≤0.20 mm；

踏面轮廓加工表面粗糙度：≤12.5 μm；

车轮多边形：低阶最大峰值≤20 dB；

　　　　　　　　高阶最大峰值≤0 dB；

等效锥度（相对等效锥度标准轮）：≤5%；

径跳测量精度：≤0.05 mm；

车轮多边形[①]：低阶多边形峰值阶次一致；

轮径测量精度：≤0.1 mm；

内侧距测量精度：≤0.2 mm；

端面跳动量测量精度：≤0.05 mm；

机床总重：约18 t（单轴），40 t（双轴）；

机床外形尺寸（长×宽×高）：约5 500 mm×2 000 mm×3 200 mm；

安装空间轴线尺寸：垂直轨道方向（宽）：8.5 m，轨道方向（长）：13.9 m，轨面以下（深）：2.3 m。

2. 转向架更换设备

1）设备适用范围

转向架更换设备适用于在各型动车组不解体的情况下，为在线更换车下大

[①] 车轮多边形是相对标定及车轮多边形标准轮而言的。

型部件、转向架、轮对等检修作业提供车体辅助支撑等作业条件。

2）设备照片

设备照片如图 6-32、图 6-33 所示。

图 6-32　转向架更换设备（下沉式）

图 6-33　转向架更换设备（轨道桥式）

3）设备功能介绍

转向架更换设备主要由车体支承装置、活动轨道桥、转向架存放线及活动盖板升降装置、液压站、电气控制及计算机工作站等组成。

（1）车体支承装置：其作用是：在更换转向架时，将车体一端托起。车体支承装置由龙门架和车体托架两部份组成。龙门架设在转向架更换设备安装工位的轨道两侧，龙门架纵向梁和立柱均采用箱型组合钢结构。

（2）活动轨道桥：由长 5 000 mm 的 50 kg/m 的标准轨、转向架横向移出小车及轨道桥升降定位锁紧装置组成。为便于检修人员作业，小车采用 H 型框架结构，50 kg/m 的标准轨采用标准扣件安装在 H 型框架结构的两根纵向（沿线路方向）组合梁上。活动轨道通过安装在地坑内的升降装置的托梁可以实现上升或下降。当活动轨道升降装置的油缸（或丝杠）顶起时，活动轨道上升，并通过两端的固定支座与临修线的固定轨道相接，轨道桥端部安装的横向（线路水平面内，与轨道垂直方向）定位销轴与支座上的固定销孔相配，以便加强活动轨道的横向定位稳定性，同时轨道桥通过两端支座上安装的锁紧油缸进行垂向（垂直线路水平面方向）支承锁定。活动轨道桥中部由活动轨道升降装置的托梁顶起后，托梁两端通过安装在基础座上的锁紧油缸推动横向锁销托住托梁，活动轨道沿线路方向每侧有 4 个支撑点，其间距分别为 1 235 mm 和 2 500 mm，可确保活动轨道垂直刚度和稳定性。活动轨道桥下降时，活动轨道升降装置使托梁降至与基坑内地面平齐，转向架横向移动小车滚轮落至基坑地面横向移动的轨道上，横向移动小车连同转向架由链条传动送至转向架缓存线。活动轨道升降装置由顶升油缸、两套直线导轨导向机构、托架框及绳轮平衡机构等组成。升降装置由一个油缸控制，油缸最大顶升力为 50 t[①]。

为了保证在顶升油缸升程内转向架能平稳上升和下降，升降装置设置了两套导向机构，每套导向机构由 600 mm×500 mm 导向座和 4 根 65 型直线导轨、导向滑块等组成。

---

① 更换装有二系弹簧的高速动车组转向架时，通常空气弹簧内为充气的常压状态，所以油缸顶升力仅为转向架自重和升降装置自重，大约为 10 t，但为了适用部分二系弹簧为钢圆弹簧的动车组转向架更换作业需求，必须考虑油缸的顶升力不小于车辆自重的一半。

为了防止转向架在活动轨道上存在停放位置的偏差，进而造成轨道桥升降装置上升时也随之发生偏载，在活动轨道升降装置的托架两侧，各安装了一套钢丝绳滑轮组，利用绳轮平衡机构减小偏载影响，确保活动轨道桥升降装置平稳升降。

4）设备主要技术参数

（1）转向架基本技术参数：

龙门架外形尺寸（长×宽×高）：6 000 mm×760 mm×3 500 mm；

车辆接近限界：股道中心至设备限界最大宽度为1 800 mm；

托架沿龙门架纵向梁水平移动：2 000 mm；

垂直龙门架纵向梁向车体侧横向移动：0～500 mm；

托架在垂向可移动距离：0～300 mm；

托架定位精度：±2 mm；

车体托架最大承载能力：18 t。

（2）活动轨道桥基本参数：

活动轨道桥长：5 000 mm；

活动轨道桥升降装置：

　　最大提升力：40 t；

　　油缸顶升设计能力：50 t；

　　最大升程：800 mm；

活动轨道桥提升速度：≤12 mm/s；

138 t三轴转向架调车机车通过速度（活动轨道桥在非工作状态下）：<5 km/h；

活动轨道桥上停车定位精度（更换转向架时）：±100 mm。

3. 局部作业平台

1）设备适用范围

局部作业平台适用于各型动车组在临修及不落轮镟库中登顶检修作业时，为单一车厢车顶作业的立体检修作业面提供安全防护措施。

2）设备照片

设备照片如图 6-34 所示。

图 6-34　局部作业平台

3）设备功能介绍

局部作业平台由平台支架、顶层平台及翻板、带中转平台的地面到顶层平台扶梯、地面支撑式大跨度网栏及风动电气控制系统等组成。

顶层平台及防护网侧均设有电控风动翻板，翻板外缘及有可能接触到车体的位置安装橡胶垫。翻板机构适用于各型动车组登顶作业。

翻板动作由风压驱动。翻板驱动风缸具有自锁调速功能，即使在无风压状态下，也可以确保翻板处于安全状态。

平台及防护网侧翻板在距离车体约 30 mm 处实现自由阻尼功能，确保不会损伤车体或造成翻板的卡滞。

翻板机构的控制系统主要由 PLC 控制器、开关电源、指示灯、按钮、继电器、接线端子等组成。控制系统通过电磁换向阀改变气路，从而控制翻板的收放，并配置指示灯。

当翻板离开垂直位置时，红色信号灯亮起，提示三层翻板处在工作位置。当三层翻板处于误操作状态，或因系统故障、风压不足等发生翻板没有收回原处时，系统自动报警。系统控制箱具备气缸故障点快速分析及报警功能，可通过网络实时传输到动车运用所调度室内，同时调度室可以自动监控、测试翻板状态，方便检修人员能够快速查找故障点。

4）设备主要技术参数

使用风源：0.6 m³/min，风压 0.6 MPa；

通过车速范围：≤30 km/h；

平台及防护网长度：25 m；

平台翻板宽度：≥500 mm；

平台翻板橡胶垫厚度：≥10 mm；

顶层平台宽度：1 200 mm；

顶层平台高度：距轨面 3 800 mm；

顶层平台荷载：150 kg/m²；

防护网高度：底部距轨面 3 800 mm，结构高 1 300 mm。

4. 电动式公铁两用牵引车

1）设备适用范围

电动式公铁两用牵引车适用：室内外全天候环境下，为各型动车组整列或者解编为车厢后提供牵引调车作业。未执行牵引作业时，该车可在常规硬化地面行驶。

2）设备照片

设备照片如图 6-35、图 6-36 所示。

图 6-35　电动公铁两用牵引车（重联牵引长编组动车组）

图 6-36　电动公铁两用牵引车（单辆牵引短编组动车组）

3）设备功能介绍

电动公铁两用牵引车满足在动车运用所场区内常规硬化道路、轨距 1 435 mm 标准轨道线路，以及转向架更换设备、不落轮镟床等设备的特殊轨道上的使用要求。

该设备车身两端配有适合各型动车组的专用车钩连接器，能够方便、快捷地完成车钩连挂、摘解作业。

该设备具有驾驶室操作和地面遥控两种控制方式。牵引、制动速度和停车精度满足动车组牵引调车、轮对镟修定位等作业的要求。

该设备配备带橡胶衬垫悬挂减震系统，配备频闪灯、前后启动信号灯、蜂鸣报警器和喇叭、联控监视摄像头等安全警示装置。

4）设备主要技术参数

车身长度：3 500 mm（包含过渡车钩）；

车身宽度：1 790 mm；

车身高度：1 250 mm（包含驾驶室 2 100～2 250 mm）；

自重：9 500 kg（1±5%）；

牵引车钩中心高度：800～1050 mm 范围内高度可调；

牵引最大轨道车辆质量：500 t/1000 t；

牵引力：2 500 kN；

停车定位精度：±20 mm；

制动时间、距离：5 s、3 m；

行驶速度：公路最大速度为 5 km/h，轨道最大速度为 3 km/h；

爬坡角度：≤10%；

电源系统：DC 48 V，920 A·h，充电时间不大于 8 h，充电次数不小于 1 500 次；

驱动轮：ϕ 660 mm ×140 mm；

轨道轮：ϕ 282 mm/350 mm；

回转半径：≤3.5 m；

工作噪声：≤60 dB；

遥控距离：≥440 m。

6.5 洗 车 库

1. 通过式动车组外皮清洗机

1）设备适用范围

通过式动车组外皮清洗机适用于各型动车组的侧面、底裙的清洗，满足单（双）向行进动车组外皮清洗的要求。

2）设备照片

设备照片如图6-37所示。

图6-37　通过式动车组外皮清洗机刷组

3）设备功能介绍

通过式动车组外皮清洗机具有车号识别功能,具有对被清洗动车组的车号、洗车次数、洗车日期,以及动车组外皮清洗机故障情况等数据的记录功能,能显示每列动车组的洗车记录;具有自动控制、安全保护、洗车状态实时显示、设备运转状态实时显示功能;具有手动控制或自动控制与手动控制相结合的清洗功能;具有无人值守、远程监控功能;具有系统保护功能,在发生故障时系统能够紧急停机,同时进行声光报警和故障内容显示;具备清洗用水回收功能,并配备循环水处理设备,处理后水质符合后循环使用要求,可减少洗车用水量,循环水利用率不小于80%;具备清水软化功能,软化后水质满足洗刷要求。废水排放符合《铁路回用水水质标准》（TB/T 3007—2000）;具有视频监视及洗车全过程记录功能,图像资料能够保存30天。

（1）机械洗刷系统由洗涤液揉抹工位、动车组侧面初刷洗工位、动车组侧面次刷洗工位、动车组侧面精刷洗工位组成，能够自动对车体侧面及底裙部位进行清洗。电机减速机安装在刷组下面，便于维护及检修。

（2）喷淋系统由预湿工位、洗涤液喷淋工位、初冲洗工位、终冲洗工位组成。

（3）洗涤剂供给系统由定量供液装置、智能调节浓度装置、洗涤剂发泡装置和自动导液装置等组成，配备有辅助人工的自动倒液装置，可保护操作人员的安全和减轻操作人员倒液的劳动强度。

（4）吹扫烘干系统由强风吹扫、甩干刷组和风幕组成，可对清洗后的车体表面进行干燥处理，使车体表面清洗后不会有大面积水流。

（5）控制系统由控制柜、操作台、视频监控、信息化管理接口、模拟显示及位置检测传感器、停车指示标识等组成。

4）设备主要技术参数

额定容量：≤140 kW；

清洗能力：小于10 min/8编组；

清洗行进速度：3～5 km/h；

用水量：≤5 t/8辆编组，其中补水量≤1 t/8辆编组；

洗涤剂用量：≤15 L/8辆编组；

侧刷组数量：8对（包括斜刷组）；

侧刷组功率：2.2 kW（包括斜刷组）；

侧刷组转速：140 r/min（包括斜刷组）；

侧刷组高度：4 260 mm（刷毛最高点）；

斜刷组高度：3 530 mm（刷毛最高点）；

底裙刷组数量：6对；

底裙刷组功率：2.2 kW；

底裙刷组转速：140 r/min；

底裙刷组高度：1 800 mm（刷毛最高点）；

刷毛展开直径：≥1 120 mm（根据车型配置）；

供水泵功率：≥2.2 kW；

供水泵压力：≥0.5 MPa；

空压机功率：≥7.5 kW（备用 5.5 kW）；

空压机排气压力：≥0.7 MPa；

空压机排气量：≥1 m³/min；

储气罐容积：≤1 m³；

水处理能力：≥5 t/h。

2. 室内式动车组外皮清洗机

室内式动车组外皮清洗机适用于北方地区，受库内水汽扩散条件限制，洗车库内不设接触网，但也为动车组车头端洗作业提供了条件。短编组动车组需使用牵车机以牵引方式进行穿库清洗，长编组和重联动车组需用切换弓作业方式进行穿库清洗，但重联动车组的重联端车头无法清洗。

1）设备适用范围

室内式动车组外皮清洗机适用于各型动车组车体侧表面、前后端面及底裙的清洗，满足单（双）向进库洗车的要求。

2）设备照片

设备照片如图 6-38～图 6-40 所示。

图 6-38 室内式动车组外皮清洗机刷组

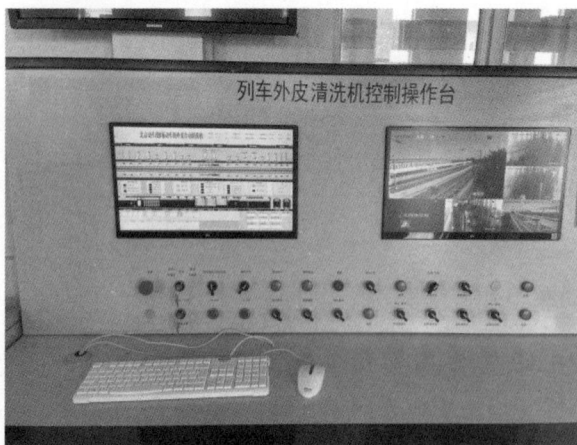

图 6-39　室内式动车组外皮清洗机控制台

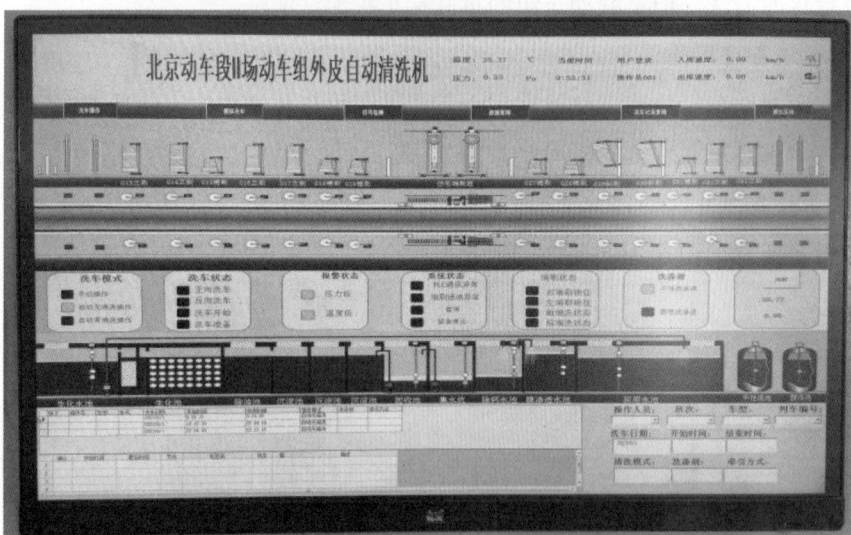

图 6-40　室内式动车组外皮清洗机控制台显示屏

3）设备功能介绍

与通过式动车组外皮清洗机相比，室内式动车组外皮清洗机增加了动车组车头端面清洗功能，可以实现各型动车组车头形状的仿形清洗。

端面仿形刷洗系统由两套端面刷组组成，端面刷组采用水平摆出方式，当端面刷组受力过大时，刷组具有避让保护功能，可避免损伤刷组及动车组。

3. 库内式动车组外皮清洗机牵车机

1）设备适用范围

库内式动车组外皮清洗机牵车机（以下简称牵车机）适用于各型 8 辆短编组动车组双向外皮清洗作业时的动车组牵引作业。

2）设备照片

设备照片如图 6-41 所示。

图 6-41　牵车机

3）设备功能介绍

牵车机安装在轨道内。不工作时，自动连挂机不超出机车车辆限界，不占用轨道，不影响动车组正常通过。该设备主要包括自动牵引装置、牵引钢丝绳绳长自动调整装置、钢丝绳初拉力自动张紧装置、牵引端改向装置、改向端改向装置、钢丝绳托轮装置、自动连挂机、电气自动控制系统、故障诊断报警系统等组成。

牵车机具备自动连挂与摘解功能，无需人工辅助，可与动车组外皮清洗机互控、联控，满足短编组动车组外皮的自动清洗要求。

牵车机采用钢丝绳牵引。在动车组制动状态下，可自动中断牵引，并配合动车组制动防溜，牵引速度控制在 1.8～3 km/h 且可调，能满足动车组洗车速度要求。

4）设备主要技术参数

动车组转向架最大外形尺寸：4 300 mm×3 300 mm×1 100 mm；

动车组轴距：2 400～2 700 mm；

动车组车轮直径：790～915 mm；

牵引动车组辆数：8 辆；

牵车机定位误差：≤±500 mm；

牵引动车组车列质量：≤800 t。

6.6 人工洗车线、牵出线

1. 移动式动车组外皮清洗机

1）设备适用范围

移动式动车组外皮清洗机适用于动车组制动状态下单侧车体外皮清洗作业。

2）设备照片

设备照片如图 6-42 所示。

图 6-42　移动式动车组外皮清洗机

3）设备功能介绍

移动式动车组外皮清洗机主要由清洗喷淋、清洗刷抹、清洗刷调节、污水回收、安全报警、视频监控、故障提示等组成。

（1）清洗喷淋：可以实现清水和清洗剂液的喷淋，且清洗管路与清洗剂管路独立工作，满足不同清洗工艺要求。

（2）清洗刷抹：采用自分叉仿形毛刷，在喷淋的过程中可以同时对车体表面进行刷抹，可更加彻底地清洗污垢。

（3）清洗刷调节：为适应不同型号动车组外皮清洗作业，清洗毛刷机构的高度及角度均可调节。

（4）污水回收：设备本身自带回收水功能，可以将清洗过程的 50% 以上废水进行回收，减少地面积水。

（5）安全报警：为保证清洗设备与车体表面的安全距离，设备配置有安全报警机构，防止因设备距离车体过近而损伤动车组表面的防护漆。

（6）视频监控：设备在驾驶室内配有视频监控仪，在清洗和倒车过程中可以观察周围环境。

（7）故障提示：在驾驶室仪表盘上设有各类故障提示警示灯，可根据故障提示做有针对性的故障排查，便于设备的及时维护。

4）设备主要技术参数

（1）燃油版设备：

外形尺寸：宽 1 500 mm，长 3 400 mm；

质量：≤ 2 500 kg（满载）；

水箱容量：≥ 950 L；

柴油机功率：20 kW；

尾气排放标准：不低于国四排放；

刷毛长度：不小于 450 mm；

制动方式：移动液压制动，驻车机械手刹制动；

控制方式：液压及电气控制；

走行速度：作业时 2～3 km/h，非作业时 ≤ 8 km/h；

驱动方式：后轮液压驱动。

（2）电动版设备：

设备外形尺寸：宽 1 950 mm，长 3 800 mm；

质量：≤3 100 kg（满载）；

水箱容量：≥1 150 L；

电池容量：48 V，200 A·h；

续航时长：≥75 min（满载）；

电机功率：≥4 kW；

刷毛长度：≥450 mm；

制动方式：移动液压制动，机械手刹驻车制动；

控制方式：液压及电气控制；

走行速度：作业时 2～3 km/h，非作业时≤8 km/h；

驱动方式：后轮液压驱动。

6.7 文件列出的部分设备功能简介

本节主要对《关于明确动车组运用检修设施及设备配置标准的通知》（铁总运〔2015〕185 号）所列出的部分小型设备功能和应用场合进行简要介绍。

1. 融冰除雪设备

动车运用所使用的融冰除雪设备有两种，主要区别在于是否携带水箱和驾驶功能。

1）融冰除雪机

该设备与市场中使用的高压清洗设备相同，需外接水源、电源（为加压泵供电）及柴油（为冷水加热）。

该设备价格便宜，体积小，灵活性强，也可用于地面清洗作业，但需外接水源和电源，不适合室外作业。需要特别注意的是，该设备的加热功能是利用燃烧柴油加热喷出的冷水，这就带来了两个问题，首先是柴油的储备和暂存问题，其次是柴油燃烧后的排放问题。

2）融冰除雪车

该车主要由 4 部分组成，分别是驾驶室、底盘、水箱和加热喷水装置。该车驾驶室和底盘可以是小型汽车，也可以是小型蓄电池搬运车；水箱容积一般为 1～3 t，加热喷水装置与融冰除雪机相似。

融冰除雪车可在室外作业，但冬季使用时，应在室内使用，避免水箱结冰。需要提醒的是，融冰除雪车的宽、高、长与水箱、驾驶室尺寸有直接关系；水箱储水量大，对蓄电池的消耗也会增大，因此在检查库内使用时，应充分考虑现场作业空间和蓄电池容量。

2. 便携式空心轴、轮辐轮辋超声波探伤仪

这两种便携式超声波探伤仪的主要功能是复核空心轴探伤机和轮辐轮辋探伤机检测出的疑似缺陷，因此各配置 1 台即可。

特别说明：这两种探伤仪使用频次较低，因此需要定期对设备内的锂电池进行充放电，而且对于所用的探头应定期校验。

3. 便携式踏面测量设备

当前，便携式踏面测量设备有两种型式，一种是接触式测量，另一种是非接触式测量。两种设备均采用了国外测量技术，前者获得的数据在计量领域较被认可，投资费用也较低，但操作较为复杂；后者测量过程较为简单，使用方便，读数直接，但投资费用较高，部分计量检定机构对测得的数据溯源问题持不同意见。

4. 智能扭矩校验台

该校验台的主要功能是对动车组检修过程中使用的定扭矩扳手进行校验。其主要部件是扭矩测量传感器，以及配套的电动加力功能、计算机存储记录功能等。

5. 动车组轴承状态检测装置

该检测装置与铁道车辆滚动轴承故障轨旁声学诊断系统（TADS）有较大

区别，该装置是移动式设备，采用接触方式测量动车组轴承故障，而 TADS 则安装在线路上，通过麦克风阵列采集轴承振动引起的声学特征判断轴承状态，属于非接触式测量。TADS 对安装线路的平直度、通过速度均有要求，但该设备需要动车组停放在检查库轨道桥上，由该设备自行实现轮对抬升、旋转及检测功能。

由于该设备一次只能对一条轮对进行检测，因此，建议将该设备作为 TADS 检测结果的复核设备使用，两种方式对存在疑似缺陷的轴承进行判断，可以在很大程度上提升轴承故障判断的准确性。

6. 油脂化验设备

动车组油脂化验主要包括对新品油脂进行质量监督，以及按照不同平台动车组运行里程①对运用中的油脂进行性能监控。通过化验工作确保油脂的润滑、绝缘、冷却、防锈蚀等作用良好，监测动车组相应部件的工作状态。不同用途的油脂需检验不同的项目，因此也会使用到不同的检验设备。动车运用所应根据动车运用所配属车型及油脂检验项目，选择油脂化验设备。

（1）动车组变压器矿物油检查项目：外观、倾点、水含量、击穿电压、密度、介质损耗因数、酸值、水溶性酸或碱、闪点、溶解性气体分析等。

（2）动车组变压器酯油检验项目：外观、颜色、密度、运动黏度、闪点、燃点、倾点、水含量、击穿电压、介质损耗因数、酸值、直流电阻率、溶解性气体分析等。

（3）动车组变压器硅油检验项目：外观、燃点、倾点、水含量、击穿电压、介质损耗因数、酸值、直流电阻率等。

（4）动车组齿轮箱油检验项目：外观、运动黏度、黏度指数、倾点、闪点、水分、红外光谱、硫含量、磷含量、总酸值、表观黏度、抗泡沫性、最大无卡咬负荷、铜片腐蚀机械杂质（质量分数）、液相锈蚀实验（蒸馏水法和合成海

---

① 不同平台动车组各类油脂的换油里程周期分别为：齿轮箱油 20 万～60 万 km、空压机油 40 万～120 万 km、塞拉门胶条脂 10 万～30 万 km、塞拉门机构件脂 10 万～15 万 km、自动车钩脂 3 万～12 万 km、半永久车钩脂 20 万～120 万 km。

水法）、KRL 剪切安定性（剪切后运动黏度）、FZG 齿轮承载能力、氧化安定性、FE8 轴承磨损实验、Flender 油沫测试体积增加量、GL-5 台架试验、金属（Fe、Cu）含量等。

需要说明的是，按照动车组检修需求，只需要知道各检验项目的检验结果，并与标准值做比较即可。对化验室的环境要求不需要达到国家或行业相关标准。因此建议在动车运用所中设置一间相对洁净的房屋，放置油脂化验设备；也可以在动车运用所相对集中的地区选定某处为该地区油脂集中化验的化验室。当化验结果处在临界值，无法判断动车组配件状态时，可以单独申请国家或地区质监部门的协助。

油脂化验员应取得相应资质，但由于国铁集团对于油脂化验员的相关岗位、待遇不明确，目前大多数动车运用所均未配置油脂化验员的岗位。笔者认为，油脂化验大量工作已经由仪器、设备完成，因此，动车运用所油脂化验工作可以不需要资质，只需要配备专职人员即可。

7. 动车组检测软件

动车组检测软件包括：中央控制单元（CCU）、制动控制单元（BCU）、牵引控制单元（TCU）、车门控制单元（DCU）、辅助变压器控制单元（ACU）、多功能车辆总线（MVB）、万向轴振动监控装置（TDDS）、列车网络控制系统（TCMS）、供热通风和空调（HVAC）、视频监视设备（MON）及远程数据传输（WTD）等软件。

由于这些软件与车型有关，所以在购置软件之前，需先确定动车运用所配属车型。

另外，软件购置是否可以列为固定资产，应咨询固定资产管理部门的意见。

8. 部分 CRH5 型动车组专用检修设备

由于 CRH5 型动车组构造的特殊性，如果动车运用所配属了 CRH5 型动车组，应在设备配置中考虑安全联轴节检修工具、联轴器液压更换装置和弹簧加垫液压调整装置。这些设备只适用于 CRH5 型动车组，而且随着动车组修程修制改革的不断优化，安全联轴节检修作业和弹簧加垫作业已经很少在动车组运用修阶段发生。不过在配属 CRH5 型动车组的动车运用所应该各配置一套，以备不时之需。

CRH5 型动车组的 3 种专用检修设备的原理比较简单，都是采用手动液压泵或小功率电动液压泵作为动力源，利用液压实现联轴节、联轴器、弹簧等动车组部件的拆卸、安装和调整。与其说这三种设备是"设备"，不如说是"工装"更恰当。

9. 蓄电池检修、检测设备

按照动车组运用检修规程，需要定期对动车组蓄电池进行检查，需要对蓄电池组中的每块蓄电池进行测量检查，但由于现场作业环境不适合使用蓄电池综合参数检测仪，大部分动车运用所采用万用表进行测量，而蓄电池综合参数检测仪多用来为动车运用所内配备的蓄电池搬运车、蓄电池叉车等设备上的蓄电池进行检测。

不过，各动车运用所的蓄电池设备，有使用单块蓄电池的，也有使用整组蓄电池的。对于整组蓄电池来说，比如蓄电池公铁两用牵引车、蓄电池叉车等，整组蓄电池中某块蓄电池发生故障的概率较小，而且更换某块蓄电池后，由于其与同组中其他蓄电池的某些参数相差较大，也会造成新蓄电池效率下降，所以很多时候，整组蓄电池在使用一定年限后，工作效率下降明显时，大多会直接更换整组蓄电池，而不是更换其中的单块蓄电池。对于使用单块蓄电池供电的设备来说，单块蓄电池本身成本不高，发现蓄电池存在故障时，直接更换即可。因此，专门的蓄电池综合参数检测仪使用频率并不高。

与蓄电池综合参数检测的使用频率相比，蓄电池注水装置则是常用设备。

10. 头车检修平台

目前，头车检修平台有两种，一种带液压升降功能，另一种则是较为简单的铝合金框架式。由于不同动车组头车仿形不同，这两种头车检修平台与动车组头车接触的部位都需要适应目标车型。这两种平台体积较大，一般不适合在检查库中作业，而且动车组头车玻璃更换大多在临修库内进行，因此这两种平台多配置在临修库中，闲时停放在线路以外，使用时需在动车组停稳后才将头车检修平台安放在头车前方的线路上。

带液压升降功能的头车检修平台受液压站的限制，体积和自重均较大，走行不便，多数动车运用所已经不再使用。

11. 油脂注入装置

配置油脂注入装置时，应充分考虑动车运用所中使用到的油脂类型，不同类型的油脂禁止混合使用。因此，对于加注油脂量较少的场合，如万向轴端等处，需要加注的油脂量以"克"为单位，应采用油枪加注。

12. 在线探伤转轮器

在线探伤转轮器是辅助轮辐轮辋探伤作业时使用的设备，当前各个动车运用所配置的移动式轮辐轮辋探伤设备本身具备抬轮、转轮功能，因此该设备在各个动车运用所中的使用率并不高。部分动车运用所也使用该设备辅助万向轴拆装、单条轮对的踏面检查作业等。

13. 自动上砂车

随着动车组运行速度的提高，目前大多数动车组均需要进行加砂作业，因此该设备建议各动车运用所至少配置 2 台。

14. 动车组专用抢修悬轮装置

在动车组运行过程中发生齿轮箱卡死、轴承失效等情况时，用该装置代替无法转动的轮对，利用既有机车牵引动车组或让动车组自轮运转至最近的检修场。因此，建议在同一地区按照车型配置 1 套即可。

15. 受电弓应急升弓装置

受电弓应急升弓装置的主要功能是：在动车组蓄电池无法为辅助空压机供电，无工作压力，无法升起受电弓取电时，通过为辅助空压机提供外接电源供电，以实现升弓。因此，该装置多用在室外停放的动车组，而且目前只有 CRH2 型、CRH380A/AL 型和 CRH5 型动车组具备辅助空压机外接电源功能。

16. 大功率吸尘器

用于动车运用所的大功率吸尘器与常用的工业大功率吸尘器不同，它的作用主要是对动车组车下设备舱内积尘进行清理。由于设备舱内结构复杂，积尘多由静电吸附造成，常规吸尘器除尘效果不佳，所以目前没有除尘效率较高的设备。

17. 高空升降作业车

高空升降作业车属于通用类辅助设备，其各项需求指标应满足国家、行业以及登高作业相关标准，动车运用所中常用的高空升降作业车包括曲臂式、剪叉式、桅杆式三种。

（1）曲臂式作业车多用来在检查库内进行头车雨刷器、库顶照明灯等检修作业，因此需要升空高度较大，一般需达到库顶梁架高度以上。

（2）剪叉式作业车多用在无立体作业平台侧动车组车门检修，因此建议升空高度达到检查库轨道桥处地面至车顶高度即可。

（3）桅杆式升降作业车多用于室外路灯等设备检修，由于桅杆式升降作业车升高时晃动较大，尤其是单桅杆式升降作业车，因此建议选购另外两种。

上述设备体积均较大，在选型时应注意是否具备电动走行驱动功能，同时注意走行轮径应尽量大于检查库、临修库内轨道沟宽度。

后　记

本书编者曾经参与过中国铁路北京局集团有限公司下辖的 10 处动车运用所、2 处客车整备所、1 处客车列检所、1 处动车组高级修基地新建及后续 2 次扩能改造等铁路工程项目的可行性研究、初步设计、施工图设计，并代表接管单位牵头组织工程施工过程监督、静态验收、联调联试、初步验收、安全评估，以及开通运营后的工程遗留问题整改工作。尽管如此，由于各项工程的建设团队、设计团队、施工团队不同，编者参与的每处动车运用所从设计到施工均存在不同程度、不同类型的问题，这些问题都在后期的运营过程中给使用方带来或多或少的麻烦。编撰本书的目的就是尽量减少这些问题的发生，从最初的设计阶段到最终的验收阶段，尽可能将各种问题提前解决。

当然，本书收录的问题并不完全，也不可能收录完全，这就需要读者，尤其是设计人员，以及建设、施工人员，结合工程建设实际情况，从使用方的角度思考，在投资等条件许可的情况下，尽可能避免问题的发生。作为使用方，也应该本着合理利用投资、避免铺张浪费的原则，对工程建设，尤其是施工细节提出可实现的合理建议。

随着我国高速铁路建设规划的一步步建成，动车运用所在全路的地位越来越高，同时动车运用所内也不再只是车辆专业独有的工作区域，铁路行业的"大联动机"特点，在动车运用所中得到了充分体现。随之而来的，动车运用所一体化管理体制也日趋完善。本书编写的目的就是为管理体制在这一领域填补上前期建设的空白，也为后续动车运用所建设提供经验和教训。

　　本书的编写工作得到了许多设计、建设、施工、设备制造厂家的大力支持，特别是成都铁安科技有限责任公司、江西奈尔斯西蒙斯赫根赛特中机有限公司、湖北远程铁道科技有限公司等单位的大力支持，在此表示感谢！